我国新型城镇化建设与金融支持研究

周群华　彭亦芬　主编

天津出版传媒集团

天津人民出版社

图书在版编目（CIP）数据

我国新型城镇化建设与金融支持研究 / 周群华, 彭亦芬主编. -- 天津 : 天津人民出版社, 2020.12

ISBN 978-7-201-17172-2

Ⅰ. ①我… Ⅱ. ①周… ②彭… Ⅲ. ①城市化－建设－金融支持－研究－中国 Ⅳ. ①F299.21

中国版本图书馆 CIP 数据核字(2020)第 272238

我国新型城镇化建设与金融支持研究

WOGUO XINXING CHENGZHENHUA JIANSHE YU JINRONG ZHICHI YANJIU

出　　版　天津人民出版社
出 版 人　刘　庆
地　　址　天津市和平区西康路35号康岳大厦
邮政编码　300051
邮购电话　(022)23332469
电子邮箱　reader@tjrmcbs.com

责任编辑　孙　瑛
封面设计　吴志宇
内文制作　牧野春晖(010-82176128)

印　　刷　北京市兴怀印刷厂
经　　销　新华书店
开　　本　710毫米×1 000毫米　1/16
印　　张　14.25
字　　数　222千字
版次印次　2021年4月第1版　　2021年4月第1次印刷
定　　价　79.00元

前　　言

不可否认，自新中国成立以来，特别是改革开放之后，我国的城镇化建设取得了举世瞩目的成就。城镇人口大幅增加，城市数量和建制镇数量都明显增多，已初步形成了京津冀、长三角、珠三角三大城市群，有力地带动了城镇化发展的步伐，城镇化率也由1978年的17.9%上升到2018年的59.58%。这一发展成果，被国际社会看作中国发展的奇迹之一。但奇迹的背后，也存在不少问题。城镇化高速发展过程中，积累了不少突出的矛盾和问题。大量进城人员涌入城市，对城市基础设施、公共服务等提出了新的要求，较大冲击了城市社会阶层原有的结构，引发了一系列问题。

在深入推进新型城镇化建设进程中，中国需要进一步探索并选择正确的城镇化道路。党的十八大以来，以习近平同志为核心的党中央深入研判城镇化发展形势，牢牢把握城镇化是现代化的必由之路这一指导思想，站在促进中国特色新型"工业化、信息化、城镇化、农业现代化"这四化同步发展的高度，以战略和全局的站位对新型城镇化做出了部署，明确提出了今后一个时期推进城镇化的总体要求和主要任务，为城镇化更稳更好发展提供了思想指南。针对我国目前城镇化发展现状，党中央高瞻远瞩，既指出了城镇化发展面临的机遇，又看到了城镇化发展遇到的问题，明确了城镇化发展目标正确、方向对头是走出一条新路的关键，强调"正确的方向就是新型城镇化"。

金融作为现代经济的核心，对城镇化进程的顺利开展起到了至关重要的支持作用。金融发展一方面为城市基础设施建设、公共服务及工业发展提供了可观的支持；另一方面，也使农业、农村经济能够在坚实的资金基础上得到充分发展，不断提高农民收入水平，推动乡镇向城镇迈进。金融支持在城镇化建设，尤其是在小城镇、农村等区域发展和基础设施建设等方面取得了不俗的成绩。与此同时，社会流动性过剩与城镇化融资模式单一、资本瓶颈问题突出等矛盾日益显现，传统的融资方式正面临巨大的挑战。在推进城镇化转型过程中，如何进行投融资改革创新，探索出一条既能满足新型城镇化的融资需求，又能有效地控制地方债务风险的金融支持路径，以有效的融资方式为新型城镇化发展提供强大的资金保障，是一个值得深入探讨的课题。

本研究主要内容和观点如下：

第一，借鉴国内外理论研究和实践成果，系统概括归纳了各地新的城镇化实践经验的模式和改革方向，对指导我国城镇化建设具有一定借鉴参考意义。

第二，系统研究了经济增长、金融发展、城镇化水平三者者之间的协同关系。从我国中部 6 省的实证结果看，中部地区三者之间的协同度逐年递增，变化趋势整体保持一致，均呈上升态势。从 6 省综合得分来看，各省三者协同度上升幅度存在较明显的差异。但总体而言，10 年间六省的经济增长、金融发展和城镇化发展水平的耦合关联度差距并不大。

第三，金融支持新型城镇化建设的关键基础是融资机制的改革和创新。在“地方税+市政债”机制难以一步到位的情况下，现阶段可在稳步推动新机制建立的同时，侧重扩大地方政府自主发债试点。在扩大城市基础设施融资渠道的同时，关键是加快配套改革，增强偿债激励和偿债约束，防范潜在风险。

第四，分别从开发性金融和普惠金融视角探讨了新型城镇化的金融支持路径。以典型案例方式概括总结了金融支持在新型城镇化进程中的实践经验和改进方向。

第五，提出了金融支持新型城镇化的目标模式与路径选择及其优化的政策建议。我国金融支持新型城镇化的目标模式应是政府引导型的多元化融资模式，一方面应充分发挥政府的引导作用，强化和规范政府职能；另一方面则应积极发挥市场优势，创新和完善多元化融资渠道。

以上主要研究成果只是形成了一个大致的研究思路和框架，许多方面还有待深入，错误之处在所难免。现将研究成果出版，一方面可与同行分享，另一方面也希望得到各方面的批评与指正。

目　　录

第一章　绪　　论

本章为全书做一个全面的基础性介绍。首先介绍新型城镇化及金融支持新型城镇化的研究背景，其次阐述新型城镇化和新型城镇化过程中金融支持的理论意义和现实意义。接下来，为了让读者对全书相关概念及特征有一个先导性的认识，对相关概念及特征进行系统性梳理。最后介绍本书的研究内容与方法，在对全书后续各章的内容进行总括性介绍的同时，对本书的研究方法进行了详细介绍，并指出本书可能的创新点和不足。

第一节　研究背景

城市的形成和发展是人类文明起源和发展的重大标志之一。人类的发展导致城市的兴起并促进城市的不断演化，反过来，城市自身的发展也为人类实现自身的发展提供了不可或缺的场所和条件。发达国家近两百年的城市化发展历史证明，城市对于一个国家的现代化起到非常重要的作用，它是规模经济集中显现的区域，城市的建设与发展已成为各国经济增长和繁荣的重要推动力。我国的城镇化战略正使党和政府的工作重心发生第二次重大转变，即从农村转移到城市，从主要解决“三农”问题转变为治理城市问题，并以“城市包围农村，最后融合农村”的战略路径，统筹解决中国的城乡发展问题，促进中国的城乡一体和全面繁荣。随着我国新型城镇化战略的推进，城镇化建设所引起的大量资金需求，是当前及未来相当长的时期内亟须解决的问题。

一、新型城镇化的研究背景

（一）我国城镇化建设的快速发展

新中国成立时，由于我国仍然是一个农业大国，城市的发展受到政府的严格控制，一直到改革开放，中国的各城市主要是行政中心，在经济建设中还没有起到应有的作用。

1978 年党的十一届三中全会拉开了农村经济体制改革的序幕。旧的工农业、城乡二元分割发展格局被打破，新兴小城镇迅速发展起来。“经济特区”的设置标志中国改革开放进一步发展，“长三角”和“珠三角”两大城市群雏形在我国东部和南部地区形成。

1984 年，我国城市个数由 1978 年的 190 个增加到 300 个，建制镇数由 2173 个增加到 7186 个，城镇人口由 17245 万人增加到 24017 万人，城镇化水平由 1978 年的 17.92%提高到 23.01%。

1989 年 12 月 26 日，七届全国人大常委会第十一次会议通过的《中华人民共和国城市规划法》指出，国家实行严格控制大城市规模、合理发展中等城市和小城市的方针。截至 1992 年，全国建制市达到 517 个，比 1984 年的 300 个增加了 217 个，建制镇增加到 9140 个，比 1984 年的 7186 个增加了 1954 个。城镇化水平由 23.01%上升到 27.46%。城镇化进程大大加快。1992 年以后，国家鼓励发展第二、第三产业，大批农业剩余劳动力向非农产业转移，第二、第三产业得到了前所未有的发展。1993 年 5 月 17 日，国务院批转《民政部关于调整设市标准报告》。批文指出：“为了适应经济、社会发展和改革开放的新形势，适当调整设市标准，对合理发展中等城市和小城市，推进我国城市化进程，具有重要意义。”

1998 年，《中共中央关于农业和农村工作若干重大问题的决定》中提出了“小城镇，大战略”问题，确立了小城镇在我国城市化过程中的重要作用。2000 年，《中华人民共和国国民经济和社会发展第十个五年计划纲要》提出要“有重点地发展小城镇”，并明确了发展小城镇是推进我国城镇化的重要途径。

2000 年前后，中国城镇化水平进一步提高。2002 年，中国共产党第十六次全国代表大会报告指出，全面繁荣农村经济，加快城镇化进程。从全国来看，2002 年，我国建制镇的数量达到 19811 个，第一次超过了乡的数量，小城镇发展出现历史性拐点。到 2005 年底，全国建制镇数量占全部乡镇数量的比重已达到 53.7%。“十五”时期，随着我国城市化进程的加快，农村小城镇建设也保持了较快的发展速度。

2007 年，党的十七大报告提出，要走中国特色的城镇化道路，按照统筹城乡、布局合理、节约土地、功能完善、以大带小的原则，促进大中小城市和小城镇协调发展。以增强综合承载能力为重点，以特大城市为依托，形成辐射作用大的城市群，培育新的经济增长极。2007 年以后，随着国家主体功能区规划、国家级区域规划和国家级创新试点城市规划等政策密集出台，我国区域城市群得到了较快的发展。“十一五”时期，中国已进入城镇化快速增长时期，城镇化水平从 2005 年的 42.99%提高到 2009 年的 46.59%。

2011 年，《国家“十二五”规划纲要（草案)》指出，优化城市化布局和形态，加强城镇化管理，不断提升城镇化的质量和水平。构建城市化战略格局，稳步推进农业转移人口转为城镇居民，增强城镇综合承载能力，打造“两横三纵”的城市化战略格局。这意味着建设重点转到了大城市。这一时期，我国城镇化高速发展的势头有所减缓，城镇化率平均每年提高约 1.07%，平均每年增长 2.3%。建制市镇数量有所减少，但单个城镇规模迅速扩张，尤其是大城市。2012 年，国内已经基本形成了京津冀、长三角、珠三角、山东半岛、辽中南、中原、长江中游、海峡西岸、川渝和关中等 10 大城市群。2012 年 12 月，中央经济工作会议召开，此次会议对城镇化的历史定位和发展思路进一步明确和细化，提出“城镇化是我国现代化建设的历史任务，也是扩大内需的最大潜力所在，要围绕提高城镇化质量，因势利导、趋利避害，积极引导城镇化健康发展”。此次会议还强调，要构建科学合理的城市格局，大中小城市和小城镇、城市群要科学布局，与区域经济发展和产业布局紧密衔接，与资源环境承载能力相适应。要把有序推进农业转移人口市民化作为重要任务抓实抓好。同时，把生态文明理念和原则全面融入城镇化全过程，走集约、智能、绿色、低碳的新型城镇化道路。“十二五”时期，我国城镇化率年均提高 1.23 个百分点，每年城镇人口增加约 2000 万。城镇就业人员占全国就业总量的比重连续两年超过 50%，全国有超过一半就业人口在城镇上班。如果用城镇就业人口超过 50%这个标准衡量，我国已经实现由农业社会向城市社会的标志性转变。

党的十八大以来，以习近平同志为核心的党中央高瞻远瞩，站在时代发展的制高点，从中国经济社会发展的现实出发，以宽广的战略视野，坚持全面深入推进以人为核心的新型城镇化建设，贯彻落实“创新、协调、绿色、开放、共享”的发展理念，从聚焦“走出一条新路”到明确城市发展“路线图”，从提出解决“三个1亿人”目标到新型城镇化试点，描绘出一幅以人为本、四化同步、优化布局、生态文明、文化传承的中国特色新型城镇化宏伟蓝图，为经济持续健康发展提供了持久强劲的动力。2013年12月，中央城镇化工作会议在北京召开。这是改革开放以来中央召开的第一次城镇化工作会议。2015年12月，中央城市工作会议在北京召开。这次会议，距上一次中央城市工作会议已经37年。2016年2月，《中共中央 国务院关于进一步加强城市规划建设管理工作的若干意见》印发，文件勾画出中国特色的城市发展“路线图”。2016年2月，习近平总书记对深入推进新型城镇化建设做出重要指示，指出新型城镇化建设，要“以人的城镇化为核心”。新型城镇化“新”在人的城镇化，城镇化不仅仅是物的城镇化，更重要的是人的城镇化，城镇的发展终究要依靠人、为了人，以人为核心才是城市建设与发展的本质。2016年3月17日，新华社发布的《中华人民共和国国民经济和社会发展第十三个五年规划纲要》中，专门以一篇（第八篇）四章（第三十二、三十三、三十四、三十五章）围绕如何“推进新型城镇化”这一主题，分别从“加快农业转移人口市民化”“优化城镇化布局和形态”“建设和谐宜居城市”和“健全住房供应体系”四个方面进行了规划。《纲要》指出：坚持以人的城镇化为核心、以城市群为主体形态、以城市综合承载能力为支撑、以体制机制创新为保障，加快新型城镇化步伐，提高社会主义新农村建设水平，努力缩小城乡发展差距，推进城乡发展一体化。到2020年，全国城镇化率目标为：常住人口城镇化率由“十二五”末的56.1%提高到60%；户籍人口城镇化率由“十二五”末的39.9%提高到45%。

纵观改革开放40年，我国经历了世界历史上规模最大、速度最快的工业化、城镇化进程。截至2018年末，我国内地总人口139538万人（不包括香港、澳门特别行政区和台湾地区以及海外华侨人数），城镇常住人口83137万人，城镇人口占总人口比重（城镇化率）为59.58%，但城市化进程远没有结束。

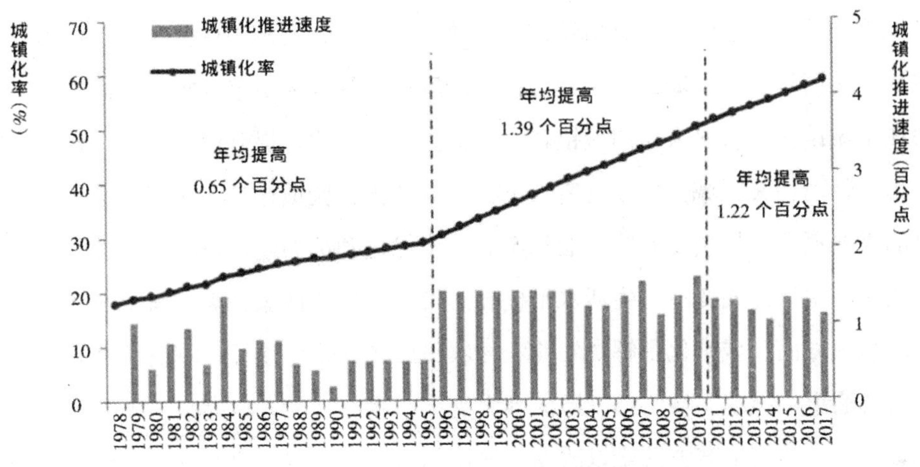

图 1-1　改革开放以来中国城镇化率及其推进速度

（二）我国新型城镇化进程中面临的新挑战与新机遇

改革开放以来，我国的城镇化建设取得了举世瞩目的成就，城镇化为城乡居民共享经济社会发展成果提供了巨大平台。但是，在经济发展进入新常态的形势下，我国的城镇化建设也面临着新的挑战、新的困难和新的机遇。

从外部看，全球供给结构和需求结构发生深刻变化，国际市场竞争更加激烈，我国面临产业转型升级和消化严重过剩产能的严峻挑战，传统高投入、高消耗、高排放，以工业化为依托的城镇化发展模式不可持续。

从内部看，随着经济社会的快速发展，缩小城乡差距、让 13 亿人共享发展成果、全面建成小康社会的要求越来越迫切。与此同时，经济增长换挡降速，转型发展刻不容缓。随着劳动年龄人口达到峰值和人口老龄化程度提高，不能继续依靠劳动力廉价供给推动城镇化快速发展；随着资源环境瓶颈制约日益加剧，不能继续依靠土地等资源粗放消耗推动城镇化快速发展；随着户籍人口与外来人口对公共服务均等化要求的不断提升，不能依靠非均等化基本公共服务压低成本推动城镇化快速发展。

这表明，城镇化对经济社会发展的巨大拉动力、推动力、带动力、影响力在新形势下显得更加迫切、更加突出。一方面，城镇化是国家现代化的重要标志，是现代化的必由之路，没有城镇化的支撑与融合，就没有工业化、信息化和农业现代化的同步发展。城镇化是经济持续健康发展的强大引擎。扩大内需的最大潜力在于城镇化，农村人口向城镇转移，扩大消费群体、提升消费结构、释放消费潜力、带动相关领域巨大投资需求也在于城镇化。城镇化是加快产业结构转型升级的重要抓手。加快发展服务业是产业结构优化升级的重点，城镇化进程中的人口集聚、生活方式变革与生活水平提高，将扩大生活性服务需求与生产性服务需求。另一方面，城镇化是解决农业农村农民问题的重要途径、解决城乡二元结构的重要通道、推动区域协调发展的有力支撑。我国农村人口过多，土地规模经营难以推行，传统生产方式难以改变。城镇化将为发展现代农业腾出宝贵空间，进一步增强以工促农、以城带乡能力，也将推动人口经济布局更加合理、区域发展更加协调。

新型城镇化首先“新”在以人为核心，“新”在人的城镇化。过去，快速发展的城镇化忽视了以人为核心这一出发点，忽视了努力推动城乡基本公共服务均等化的迫切要求，带来一些问题。大量农业转移人口市民化进程滞后，名义城镇化率与实际城镇化率相差甚远，2 亿多农民工及其随迁家属，难以在教育、就业、养老等方面享受与城镇居民同样的基本公共服务，无法真正在城市扎根。“土地城镇化”快于人口城镇化，“摊大饼”式粗放扩张。城镇空间分布和规模结构不合理，产业集聚与人口集聚不同步。“城市病”逐步加重，一些城市空间无序开发、人口过度集聚，重城市建设、轻管理服务，交通拥堵，环境问题突出，绿色空间锐减。

传统城镇化是一把“双刃剑”，它在取得巨大成绩的同时，也对生态环境产生明显的胁迫效应。在传统城镇化进程中，人口城镇化对生态环境的胁迫表现为：一方面，通过提高城镇人口密度增大生态环境压力，人口密度越大，对生态环境的压力也就越大；另一方面，通过提高人们的消费水平而导致人们向环境索取的力度加大、速度加快，使生态环境不断趋向脆弱。经济城镇化对生态环境的胁迫表现为：企业通过扩大占地规模促使经济总量增加，从而消耗更多的资源和能源，排放更多的污染气、液、固体，增加了生态环境的压力。交通城镇化对生态环境的胁迫表现为：城镇交通扩张对生态环境产生空间压力，交通扩张刺激车辆增加，增大汽车尾气污染强度。从改革开放以来的实践看，传统城镇化进程加快带来了一系列的生态环境问题，给未来城镇化的可持续发展带来巨大挑战。

一是城镇绿地不足。人与植物的生物量比值是生态环境质量的良好表征，园林绿地是城市高度人工化系统中生态价值最高的部分，它既是城市生态系统的初级生产者，也是城市生态平衡的调控者。传统城镇化过程中由于过多关注经济行为，过分注重尽可能地利用土地扩大建筑面积，造成城镇绿地面积严重不足，使人与植物的生物量比值下降。

二是城镇空气污染。近年来，随着传统城镇化的快速发展，空气污染成为最大的环境问题之一。2013 年全国大面积出现的雾霾、阴霾，就是因为太空气体中充斥着汽车尾气、工业废气。雾霾天数不断增加，PM2.5 数据不容乐观，这与城镇工业生产、交通运输和居民生活排放出大量的一氧化碳、二氧化硫、二氧化氮、各种颗粒物质、碳氢化合物密切相关。

三是城镇水环境污染。由于传统城镇化进程中有很多耗水量大、污染严重的乡镇企业布局在城镇周围，并且进行粗放经营，同时城镇环保资金缺乏、排污设施不完善，使得城镇对水的需求量增大，而且污染型缺水城镇比例逐年增加，大量未经处理的污水直接排入河流、湖泊、水库，致使地表水甚至地下水遭受严重污染。

四是城镇固体废弃物污染。传统城镇化进程中许多城镇建设缺乏合理、系统的规划布局，基础设施建设滞后，给水排水、道路交通、地下管网建设、垃圾处理设施等甚为短缺，导致城镇大量生活垃圾集中排放，生产中产生的许多难以回收利用的固体废弃物乱堆乱放，导致部分城镇的固体废弃物对生态环境的污染已经相当严重，而且威胁着当地周边生态环境。

二、新型城镇化的金融支持研究背景

（一）新型城镇化的金融需求

提高城镇化质量，关键要解决钱从哪里来的问题。城镇化庞大的资金投入主要包括水电路气、住房学校医院等“硬件”投入，以及居民就业就医上学、低保养老保险等“软件”投入。

新型城镇化是未来10年我国扩大内需的最大潜力所在，其基于基础设施建设、产业支撑、住房、社保、消费和农业现代化等方面的内容将产生巨大的资金需求。

1. 基础设施建设方面的要求

与发达国家相比，我国的路网、城市绿地、供排水、垃圾处理等城市基础设施仍显薄弱。未来新型城镇化的基础设施建设涉及全国20个左右城市群、180多个地级以上城市、1万多个城镇和数十万个行政村，涵盖路网（铁路、公路、轨道交通等）、电网、供排水、污水处理、垃圾处理、网络通信、园林绿化、应急减灾等多个系统，需要庞大的资金投入。

2. 产业支撑方面的要求

城镇化需要产业支撑。未来推进新型城镇化必然与东部地区的产业转型升级、中西部地区的产业融合承接相辅相成，这一过程将催生巨大的金融需求。

3. 住房市场方面的要求

当前我国1.6亿外出农民工中在城市实现购房的仅有0.7%。随着新型城镇化的深入推进，这类群体的住房条件需要不断改善。另外，每年相当数量的新增城镇转移人口也将对住房产生新增需求。

4. 社会保障方面的要求

新型城镇化首要解决的就是既有农民工的市民化问题，主要是完善这类群体的教育、医疗、社保等城市公共服务和社会保障。目前我国2.6亿农民工中绝大多数并未享受与城市人群等同的社会保障。按照国家发改委的预测，未来10年这类基于农民工市民化的教育、医疗等社会保障支出将达到15~20万亿元。

5. 消费方面的要求

城镇化本质上是农民市民化，城镇化率的提高必然伴随城市人群的扩大和居民收入的提高，提振消费。如果对既有农民工提供完全市民化的公共服务和社会保障，将会大大消除现有 2.6 亿农民工的后顾之忧，彻底激发其消费需求。如果完全实现农民工市民化，农民工在交通通信、文化娱乐等方面的消费支出将会大幅提高。

目前，我国城市仍然处于大规模投建的城镇化初级阶段（包括基础设施建设、市场建设、信用建设和制度建设），资金短缺仍然是制约地区发展的瓶颈。在当前融资和财税体制下，城市基础设施融资还存在许多问题。突出表现为：地方政府缺少支柱税种和主体税源、公共服务责任和财力不匹配、地方债务负担沉重、城市基础设施建设过度依赖土地出让收入等。

（二）城镇化发展的金融支持

积极稳妥推进新型城镇化建设，既是我国加快推进转变经济发展方式、实现社会主义现代化的重大战略任务，也是当前扭转和稳定经济增长，扩大有效需求的现实选择。金融如何适应新时期城镇化建设的新要求，加大对新型城镇化建设支持力度，助推经济转型和平稳发展，是必须优先思考和解决的重大问题。

推进我国新型城镇化不断发展，离不开金融的大力支持。新型城镇化发展，就是要最终形成以中心乡镇为核心的农村区域经济社会系统。这其中，最关键的是要设法把农村区域经济社会建设成自循环的有机系统，使之拥有足够的自愈能力和成长能力，而这一过程的实现，离不开农村金融的发展与支持。目前，我国农村基本上形成了以商业银行、政策性银行和信用合作社为主体的金融体系，其中农村信用合作社的服务最为普遍。与此同时，具有灰色性质的民间借贷也广泛存在。从 1999 年开始，四大国有商业银行逐步从农村地区撤出，目前已基本取消了县一级分支机构的放款权。中国农业发展银行的主要任务也仅限于承担国家规定的政策性金融业务，并代理财政性支农资金的拨付，并不直接涉及农户。至于唯一面向农户开展业务的农信社，其贷款也呈现出向城市及大型乡镇企业集中的趋势。虽然我国现行的农村金融组织体系仍在不断地探索、改革和发展，但在城镇化过程中，仍存在许多实际问题。

不言而喻的是，我国农村地区金融供需矛盾长期严重，相应的供给和需求不能有效对接，尤其是民间资金的供需对接更加困难，从而严重削弱了农村金融对城镇化发展进程的支持效率和作用。如前文所述，城镇化必然产生极大的资金需求，需要新建和翻新大量的基础设施，这种建设项目的非营利性与商业银行的经营目标相悖，二者相互制约，成为阻碍城镇化建设的关键。

健全的金融市场包含的货币市场和资本市场，应该能充分发挥配置金融资源的作用，从而为城镇化建设提供源源不断的资金。然而，由于我国目前的金融业市场化程度不高，权益性投融资市场长期无法发展壮大，货币和资本市场间又长期缺乏联动机制等问题，造成金融市场结构效率过低，不利于城镇化建设中各种融资形式配置金融资源效用的充分发挥。

我国农村的地域较为广大，各地的经济发展水平相差也较大，而城镇化过程中的金融供需矛盾进一步加大了地域性的差距，无论是从地理结构来看还是从经济的发展程度而言，地域性的差异也是很重要的影响因素。从地理结构看，东部、中部和西部经济发展中的金融体系发育的情况也是呈阶梯状的；从经济发展的程度来看，经济发达地区和欠发达地区以及经济发展介于二者之间的地区，相关金融体系的发展状况也是呈阶梯状的，并且二者在一定程度上有一定的重合和交叉。但每个发展区间之间的差距又过大，增加了城镇化过程中金融体系发展的难度。

第二节　研究的理论意义和实践意义

一、新型城镇化的研究意义

（一）理论意义

一直以来，国内外专家学者受城镇化问题的重要性影响对该问题的研究较为系统、深入，从而推动了城镇化领域理论与实践的发展。但是受研究视角及学者国情环境等多方面因素的影响，目前城镇化问题研究对我国的借鉴作用还存在不足之处：一方面，国外对于城镇化问题的研究，多是在发达国家城乡经济发展差距不大，城乡二元结构不突出的条件下论证得到的，对包括中国在内的发展中国家城镇化研究的适用性不强。另外，西方国家由于增长正统论和城市发展观在研究领域占据主流，导致城市领域和社会学领域专家学者研究角度均从城市角度出发，研究以城市为中心的城镇化问题，对城乡之间的关系，城乡经济结构等发展中国家的突出问题研究较少。另一方面，自 20 世纪八九十年代中国城镇化快速发展以来，国内学者开始对城镇化问题进行了一系列研究。特别是十六大统筹城乡发展战略提出后，国内学者更是加大了城乡统筹与城镇化问题的研究，国内学者弥补了西方学者忽视城乡统筹问题的缺点，从我国国情出发，对城镇化发展与城乡统筹问题进行了结合研究。虽然这些研究取得了较为突出的成绩，但是多数将注意力集中在社会宏观层面，主要就城乡经济发展与城镇化问题的现状及实证进行了研究，对解决这些问题的对策缺乏建设性可行性的对策建议。囿于这一研究缺陷，国内外学者关于城镇化问题的研究对中国的实践指导意义欠缺，指导价值有限。基于国内外研究的缺陷，本书从传统城镇化研究的视角中脱离出来，就新型城镇化问题进行研究。新型城镇化的概念本身即对传统城镇化研究缺陷的补充。在深刻认识并总结传统城镇化不足的基础上，为弥补传统城镇化的不足并根据我国具体国情提出新型城镇化概念，并在城镇化内涵深刻认识基础上，对新型城镇化目前国内存在的问题进行探讨，提出新型城镇化的目标及实现路径与对策。这些新型城镇化问题的探讨与思考，是对传统城镇化理论的升华，有利于城镇化理论的拓展，也能为未来中国发展城镇化提供理论上的支持与参考。

（二）现实意义

各国经济社会发展的一个普遍规律即是城镇化，城镇化是各国经济社会发展的自然历史过程。值得注意的是，城镇化与工业化相互影响相互作用，二者共同推动了国家的现代化进程。工业化发展所创造的消费产品依赖城市人口的增加作为主要消费群体，同时工业化发展所需要的劳动力依赖城镇化进程中农村人口的流动和转移。

城镇化是工业化的基础，工业化则推动城镇化的发展，二者相互作用相互推动。我国则呈现出工业化先于城镇化发展的特有情况，这与中国特殊的历史背景分不开。新中国成立以来，我国在特殊历史背景下为了尽快奠定经济发展的工业基础，举全国之力采取了优先发展工业化的战略。特殊历史时期的战略促进了中国经济发展的同时，也使得中国经济发展方式和经济结构长期失衡和扭曲，城乡二元经济结构问题突出，城镇化长期落后于工业化。

城镇化水平的滞后很大程度上导致城乡在经济、社会、文化等各方面的巨大差距，社会总需求与总供给失衡现象严重，也是进一步导致中国依靠出口拉动经济的重要原因。在全球经济危机的持续影响下，加快城镇化发展对带动内需的增长，促进经济发展方式及经济增长结构的调整具有重要意义。特别是在新时期新型城镇化已经成为城镇化发展的重要核心内容及必然趋势的情况下，研究新型城镇化对中国经济长期稳定可持续发展具有重要的现实意义。

城镇化的真正内涵不仅是城镇人口的增多和城市数量的增加，更是新转移人口的生活城镇化。社会生产力发展和科技进步共同促进了城镇化的发展，使得大量农村劳动力从农业生产中释放出来，从农村地区向城镇地区转移，促进了传统乡村社会向现代城市社会转变。而城镇化不仅是人口的城镇化过程，更是生活城镇化的过程，新转移人口不是简单地理位置意义上的迁移，而是生产生活方式的转变；城镇区域也并不简单只是地理和行政意义上的区域，而是承载以非农产业和非农人口为主的功能区域。城镇化不仅表现在城市人口的增加，城市数量的扩张，城市面积的增加，也表现在人口职业的转变、空间形态的变化及产业结构的转变，更深层次地表现在人类生产生活方式及社会组织形式的转变，从而导致经济、社会、文化及环境等各方面的转变。

传统城镇化模式具有不可持续性，存在的诸多问题影响经济社会可持续发展。改革开放以来，中国经历了长期的城镇化快速发展过程，对我国经济增长起到了巨大的促进作用。目前我国已经形成了以大城市为中心、中小城市为骨干、小城镇为基础的多层次的城镇体系。目前中国已经进入了城镇化中期发展阶段，但是城镇化的持续稳定发展依靠原有的发展模式不再具有可持续性，原有模式问题已经开始显现并将逐渐明显。传统城镇化模式以地方政府为主导，中心目标为促进经济增长，以土地融资为推动城镇化建设的重要资金来源，并将人口数量增长、城市数量扩大和规模扩张视为城镇化发展的衡量标准，随着经济结构转型这一依靠物质资本大量投入为驱动因素的城镇化模式具有不可持续性。传统城镇化模式的问题逐渐显现，主要体现在：其一，生活城镇化滞后于人口城镇化；其二，人口城镇化滞后于空间城镇化；其三，区域之间发展不平衡。此外，还存在资源大量消耗、环境污染严重等诸多问题。

当前中国已经进入了经济转型和结构调整的关键时期，改革开放以来经济的持续发展和城镇化的快速推进使得中国拥有了包括城镇化在内的转型升级的人才、技术及资本基础，同时随着居民教育水平的提升和可支配收入的增长，其对生活质量和生活水平的要求不断升高，诸多因素导致传统城镇化模式难以为继。总之，在全球及国内全新的发展阶段影响下，总结传统城镇化经验教训，探索新型城镇化发展模式路径与战略，无疑具有重要的现实意义。

二、金融支持新型城镇化的研究意义

（一）理论意义

城镇化是中国现代化过程的实质内容和重要特征，城镇化不仅仅指城镇空间的扩展和城镇人口比重的增加，其更深层次的意义在于城镇化与包括经济、社会、文化和生态等方面的综合协调发展。

城镇化过程中农民向市民的转变、城乡二元经济结构的调整及生态环境的协调是新时期城镇化更深层次的含义，这些都需要国内学者从理论层面做出深入探讨分析以指导实践，推动中国城镇化的顺利进行。虽然西方发达国家学者对城镇化问题进行了深入探讨，但是因为中西方各方面的现实差距，导致二者的城镇化问题存在诸多差异。西方城镇化主要动力是资本，而资本的逐利性使得城镇化的主要目标定位于利润，从而社会平等问题得不到重视。与此不同，中国城镇化是社会革命推动的，科学发展观及和谐社会的发展战略及理念使得城镇化要充分考虑与其他社会因素的协调发展。中国城镇化的特殊发展阶段及未来城镇化的特殊要求必然会使得城镇化面临诸如制度、资金、资源及技术等方面的制约。

现阶段我国在基础产业及基础设施领域的建设还远远没有完成，中小企业及城市科教文卫等民生领域金融支持也远远不足。未来随着中国城镇化的持续发展，城镇化资金需求会越来越大，传统财政金融支持明显不足。中国由于市场与信用建设欠发达，商业金融对城镇化过程中的公共产品领域不愿涉足，这些领域资金需求得不到满足。金融支持城镇化存在不足的原因在于金融基础设施建设滞后，商业金融发展不足，从而使得金融支持在城镇化领域市场化程度低，不能有效发挥金融对城镇化的资金支持作用。为有效解决这些问题，需要从市场与制度两个层面进行推动。因此，要建立起金融支持城镇化建设的机制，充分发政策性金融、开发性金融和商业性金融的合力支持作用。这些问题的探讨对弥补国内目前城镇化研究的不足，推动城镇化理论进一步发展具有重要意义。基于中国传统城镇化存在问题及新型城镇化发展的必要性，在此基础上提出金融支持城镇化的必要性及重要性，探索金融支持城镇化的机理及路径，对城镇化发展具有一定的理论意义。

（二）现实意义

金融是推动城镇化发展的重要因素，城镇化过程中的基础设施及公共设施均需要金融资金支持。1996 年城镇化率突破 30%大关后，中国开始进入城镇化快速发展阶段，但是在如此快速的城镇化进程中，城镇化建设所需的大量资金往往依靠财政融资、银行贷款和土地融资来满足。由于城镇化建设所需要的资金具有投资回收期长及数额巨大的双重特点，因此仅靠上述三个主要渠道进行融资远远不够。故通过发展金融市场及完善金融工具，拓展融资渠道，对于城镇化的进一步推进具有重大意义。另一方面，金融市场的完善有利于城市经济加快发展，对于配置资源推动城镇化进程具有积极推动作用。

金融通过多方面作用于城镇化发展。一是支持基础设施及公共设施建设，从而提升城市生活质量、生产效率及集聚能力；二是促进企业发展与有序竞争，促进城市经济结构调整与经济发展方式转型，从而进一步促进企业产业的规模化经营，通过城市区域经济的发展带动周围甚至全国经济发展；三是基于金融支持本身逐利性特点，通过发挥金融对投资项目的筛选作用，促进城镇化建设的市场性建设及城市经济结构优化；四是通过促进劳动力、技术及资本的充分利用，解决城市技术更新、规模扩张及建设资金不足问题，促进城市建设顺利进行。通过探讨金融支持城镇化理论，并通过实证检验二者之间的关系，最后提出金融支持城镇化建设的政策建议，对中国新型城镇化建设具有重要的实践意义。

第三节　相关概念界定

一、城镇化与新型城镇化

新型城镇化是相对于传统城镇化而言的，是传统城镇化的发展和演化。因此，城镇化是一个历史范畴，也是一个发展中的概念。

（一）城镇化的一般内涵与特征

在国外，使用较为普遍的是城市化一词。学者们对其的解释也是多种多样的。例如，肯特·施威兰德和约翰·普雷思认为，城市化是城市中心的理念和实践向城市周围地区辐射的过程，是人们行为模式以及思考方式的转变过程，是城市人口比例不断增加的过程。美国的《世界城市》杂志认为，城市化是农村人口向城市运动，并在城市从事非农工作，从而使得相对落后的农村生活方式向相对文明先进的城市生活方式转变的过程。2000 年 10 月，我国在《关于国民经济和社会发展第十个五年计划的建议》中首次正式采用了“城镇化”一词，建议肯定了城镇化的必要性，并指出了发展小城镇是推进我国城镇化的重要途径，但并未对其进行明确定义。随后，在我国不断探索实践城镇化的过程中，国内不少学者开始从不同学科角度对城镇化的概念进行界定。人口学领域学者认为，城镇化是人口从农村地区向城镇流动，使农村人口比重减少，城镇人口增加的过程；城市经济学领域学者认为，城镇化就是第二、第三产业的集聚过程，是某区域非农劳动人口及第一产业之外的其他产业不断集聚提高的过程；地理学领域学者认为城镇化是农村向城镇转变，实现生产力空间布局的转换，缩小城乡差别的过程；社会学领域学者认为，城镇化是农村生活方式转化为城镇生活方式最终形成市民社会的过程；经济学领域学者认为，城镇化是人类社会现代化和经济增长的伴随产物，是由农村自然经济转化为城镇社会化大生产的社会经济结构转变，是通过生产要素聚集，发挥禀赋优势，促进产业机构升级从而拉动城镇经济发展的过程。从这些不同领域学者的城镇化定义来看，城镇化的内容至少包括人口城镇化、产业城镇化、空间城镇化和生活城镇化四个方面。

1．人口城镇化

人口城镇化是指农村人口向城镇人口转移，从而使得城镇人口占区域总人口比重逐渐提升的过程。城镇人口占总人口比重——城镇化率是衡量城镇化水平的重要指标。城镇化不仅仅指城镇人口数量的增加，更在于城镇居民生活质量的提高，这是城镇化的目的所在。城镇居民生活质量的提高主要指城镇居民生活环境、消费水平及科教文卫等方面的提高。这些方面的具体指标主要包括人均住房面积及城镇绿化率、城镇居民人均可支配收入、医疗教育机构数量、高等教育普及程度及城镇居民储蓄存款等。城镇居民是城镇的主要元素和动力，未来城镇建设要本着“以人为本”的思想，实现城镇化质量的真正提高。改变以前单纯注重城镇人口数量的提高，而城镇基础设施及各项服务水平跟不上的初级城镇化层次状态，更加关注城镇人口质量的提高。

2．产业城镇化

产业城镇化是城镇化的重要内容和支撑，其实质是随着经济发展产业升级和产业结构的调整，在经济规律作用下第一产业、第二产业和第三产业在经济总量中的比重呈现出从第一产业向第二、第三产业不断偏重的过程，这一过程的演变是实现经济、社会和生态效益最大化的过程。产业结构是影响一个国家或地区城镇化进程的重要因素，城镇化整个发展过程伴随着产业结构从低层次的第一产业向高层次的第二、第三产业的演变过程。

3. 空间城镇化

城镇化的实质是以非农业经济活动和非农业人口为主导的地域空间，随着非农业经济活动和非农业人口地域空间的变化而呈现出不断变化的特征。空间城镇化指的是地域空间从农村向城镇的转变，从农村景观向城镇景观的转变，是城镇化在空间形态上的反映。空间城镇化是城镇化的载体，随着城镇空间形态的扩大，新的城镇地域和城镇景观不断涌现，城镇数量不断增多且规模不断扩大。

4. 生活城镇化

生活城镇化是一个更为综合和全面的城镇化概念，是城镇化内涵的真正体现。随着城镇的产生及长期发展，城镇居民和农村居民在生活方式、社会认知及消费习惯各方面均在产生分化，城镇居民在生活各个方面均会产生与农村居民不同的特征，这便是生活城镇化的具体体现。

城镇化的核心是人口就业结构、社会经济结构的转化过程和城乡社区结构的变迁过程。城镇化的本质特征主要体现在以下几个方面：

一是农村人口在空间上的转换。表现人口大规模迁移和集中的过程，即人口从平面无限分散向有限空间集聚的过程，具体地说，就是农村人口转变为城镇人口的过程，是随着经济发展和社会进步自发形成的。它是城镇化发展的前提条件。

二是非农产业向城镇聚集。即经济活动和资源要素向市镇集聚的过程。它是城镇化发展的主要内容，包含人力资本、物质资本等要素向城镇的集聚。工业、商业、金融、贸易等生产活动向城镇的集聚，以及由此导致的交换活动及消费活动向城镇的集聚。

三是农业劳动力向非农业劳动力转换。主要表现为从事农业生产的劳动力逐渐减少，从事第二、第三产业的劳动力不断增加的过程。

四是社会结构的转变。主要表现为农民的价值观念、生活方式的农村文明向城市文明的转化。它是城镇化发展的核心内容。

（二）新型城镇化的价值内涵和基本特征

党的十八大以后，新型城镇化成为学界和政界关注和争论的焦点，而对其与城镇化的区别也存在不同的理解。有学者指出，新型城镇化以解决人口市民化、消除福利制度地区差异、空间布局合理化为基础。新型城镇化新在理念创新、技术创新、制度创新。还有学者则认为，新型城镇化应注重城市实际资产的主体和城市投资发展的问题。尽管各方观点不一，侧重不同，但总体可归结为：理念上，传统城镇化以物的发展为主，更强调规模等的扩张，新型城镇化更注重以人为本，更明确以提高农民生活质量发展目标；形式上，传统城镇化注重城市人口比例增加和城市面积扩张，而新型城镇化更着眼于产业支撑、人居环境、社会保障、生活方式等品质的提升。对此，我们应当承认传统城镇化在当时历史背景下认识上的局限性，肯定其在完成城镇化资金原始积累方面做出的贡献，同时应坚定新型城镇化的发展道路，才能更好地实践推进新型城镇化。

与传统城镇化相比，新型城镇化主要体现在两个转变上：一个是城市发展方式的转变，即由过去“摊大饼”式发展向限定城市边界、培育城市群、组团式发展转变；另一个是城市发展重心的转变，即由过去在城镇化中重物轻人、土地城镇化快于人口城镇化向以人为核心的高效、包容和可持续的新型城镇化转变。《中共中央关于全面深化改革若干重大问题的决定》明确提出，要完善城镇化健康发展体制机制，坚持走中国特色新型城镇化道路。习近平总书记强调：“新型城镇化的核心是以人为本。”新型城镇化必须坚持以人为本，这是由城镇化的动力机制决定的。综合来看，新型城镇化体现出以下新特点。

1．以人为本

我国现阶段社会的主要矛盾依然是落后的社会生产与人民日益增长的物质文化需要之间的矛盾，这是推进我国城镇化的强大动力。社会生产力水平与产业发展水平密切相关，产业升级是提高社会生产能力的重要推动力，从而促进经济发展并带动了城镇化发展。城镇化的发展可以不断满足和扩大社会日益增长的物质文化需求。随着社会资源向城镇集合，城镇物质文化生活日益丰富，无论是居住条件、教育水平、医疗保障、文化生活等，城镇整体上高于农村。经济发展水平最终决定着社会物质文化水平。城镇化的动力来源于人类社会发展的基本矛盾，来源于城乡居民对美好新生活的向往，城镇化发展必须符合人对幸福生活的美好追求，否则城镇化最终将会失去发展动力。

2．优化布局、集约节约高效

《国家新型城镇化规划（2014－2020年）》指出，“优化布局、集约高效”是新型城镇化一个基本原则。作为土地、水等战略资源人均占有量十分匮乏的国家，我国的新型城镇化必须摒弃既有路径，切实在内涵增长上狠下功夫。要进一步突出城市规划、土地规划的法律地位，抓紧出台国家新型城镇化规划，切实提高规划制定的科学性、调整的严肃性、实施的稳定性、监督的规范性。提高城市发展质量，严格控制新城新区建设和城市发展规模，提升城市国土开发强度和建设管理水平，切实体现高效集约发展的要求。必须根据资源环境承载能力构建科学合理的城镇化宏观布局，优化城市内部空间结构，促进城市紧凑发展，实现资源集约节约利用。

3．产城互动融合

新型城镇化建设要坚持“产业为基、就业为本”。产业是城市发展的支柱和动力源泉，城市是产业发展的载体和依托，两者相辅相成、相互促进、不可分割。产城互动融合就是将产业功能、城市功能、生态功能融为一体、良性互动、共同发展，这是新型城镇化建设的应有之义和必然选择。实现产城互动融合发展，要在城镇化建设中优先考虑就业导向、职居平衡，将城市生活半径与就业半径相结合。在城市规划中，从资源环境、区位特点和解决就业出发，统筹考虑产业与就业，“集约、集群、集成”发展产业，加强产业—社区型城市建设，增强产业集群和居民生产生活配套服务功能，减少交通和环境压力。

4．“四化同步”

党的十八大确立了“四化同步”的战略部署。新型城镇化就是要打破城乡二元经济结构，实现城乡要素资源自由流动，促进“四化同步”协调发展。城镇化是伴随工业化发展，非农产业在城镇聚集，农业人口向城镇集中的自然历史过程。工业化发展为城镇提供更多的就业岗位，为城镇化发展创造条件；城镇化发展又为工业化提供了发展空间。工业化的发展将反哺农业，带动和装备农业现代化；农业现代化为工业化提供原材料，并为城镇居民提供生活资料，是工业化和城镇化发展的基础。这就实现了工业化和城镇化良性互动，城镇化和农业现代化相互协调。信息化作为技术手段，能有效地将工业化、城镇化、农业现代化进行深度融合，促进传统产业的升级和生产方式的改变，是实现新型城镇化目标的重要技术措施。因此，新型城镇化要坚持“四化同步”，以信息化来引领带动，实现“四化”深度融合发展。

5. 绿色、生态、宜居

推进新型城镇化，要高度重视城市生态环境的保护与建设。在战略层面上，要抓紧建立国土空间开发保护制度，科学优化全国城镇化布局和总体框架。在城市建设上，要鼓励各个城市科学利用山、水、林、园的独特生态功能，创建山水相依、林园共秀的生态型城市。充分尊重广大群众对生态文明的向往，积极完善生态系统和环境设施，大力优化美化生产生活环境。充分利用宝贵的生态资源，积极发展生态观光、养老休闲、旅游度假、文化创意等高端服务业，努力促进人与自然的和谐共融，实现生态效益与经济效益的互利双赢。积极推进绿色建筑、绿色交通和绿色行政，创建生态、高效、安全的城市环境，为全面推进生态文明建设奠定坚实基础。

6. 城乡发展的一体化

建立以工促农、以城带乡、工农互惠、城乡一体的新型工农城乡关系，是新型城镇化的重要任务。所谓城乡一体化，就是要改变过去城乡发展在生产、生活方式上的巨大差距，转而强调城乡发展规划、基础设施、资源配置、产业布局、生态建设、社会管理、公共服务等领域的一体化。要改革创新人口、户籍、土地等城乡管理体制，重点促进教育、卫生、医疗、就业、社保等基本公共服务水平的均等化，使城乡居民都能够安居乐业、幸福和谐，公平地享受发展改革的成果。

二、新型城镇化的金融支持

（一）基本含义

新型城镇化的金融支持是指在推动新型城镇化建设中，通过金融中介的作用，一方面为每年城镇人口的增长、城镇数量的增加和城镇规模的扩大保持一定的增幅提供金融支持；另一方面，通过金融中介的作用，为确保城镇经济总量平稳增长、产业结构持续优化、文教科技不断进步、社会保障不断完善提供金融支持。作为促进国民经济发展的现代金融体系，其在推动新型城镇化建设中负有义不容辞的责任。金融的支撑作用既要体现为必要的速度，也要体现为较高的质量。所谓速度，就是要通过金融中介的作用，确保每年城镇人口的增长、城镇数量的增加和城镇规模的扩大保持一定的增幅。所谓质量，就是要通过金融中介的作用，确保城镇经济总量平稳增长、产业结构持续优化、文教科技持续进步、衣食住行更加便利、公民保障不断完善等。

（二）基本特征

1．政策性

当前，新型城镇化建设已经上升为国家战略。所有城市的发展，都要以基础设施建设为基础。为不断增加的城市人口提供物质载体和服务，必须进行大规模的道路、排水系统、通信设施、电力设施、废弃物处理等基础设施建设。同时，也需要完善教育、医疗、就业、住房、养老及居住环境改善等公共服务。以上这些项目的投资都具有公共产品的属性，其中部分项目虽然可以收费，但无法覆盖整个成本，甚至还有些是纯粹公益性、无回报的项目。针对目前基础设施和公共服务建设资金需求大、供给缺乏动力的情况，单纯依靠财政资金，很难支撑项目建设，必须有金融的更多介入。

2. 多元化

新型城镇化建设资金需求的多元化决定了金融支持方式的多元化。按照政府和市场两种不同的支持主体，可相应分为财政金融支持和市场金融支持。通过税收为城镇化建设提供资金支持无疑是财政支持的重要形式。从税收和税源一致，收益范围和责任一致角度看，以城市基础设施改善带来的财产增值为基本税源的财产税支持城镇化建设，具有内在逻辑的一致性。如果考虑到一个健康稳定的城镇化将带来政府收入的稳定增长，以及出于提升公共项目资金使用效率的需要，以债务方式提供金融支持也是一种较好的方式。比如国际上普遍流行的城镇化融资方式——市政债，形式上是金融市场融资，但本质上是政府财政利用金融市场筹措资金为公共服务提供支持的一种方式，最终偿还取决于城镇化水平提升带来的财政能力的增长。除税收和市政债外，土地融资也是城镇化建设中重要的资金来源。

3. 均衡性

城镇化建设资金具有区域金融需求均衡性的特点。党的十九大报告立足于解决发展不平衡不充分问题，从全方位、系统化视角，提出实施区域协调发展战略的部署，勾画了我国新时代区域协调发展的宏伟蓝图。金融的鼎力支持无疑是区域协调发展战略顺利实施的重要保证。这就要求金融业要牢牢把握金融服务实体经济的本源，紧紧抓住十九大对区域协调发展做出的整体战略部署，为区域协调发展战略的顺利推进提供优质的综合金融服务、充足的资金支持，并创造良好的货币环境。同时，加快改革步伐，以创新性服务推进战略落地，尽快由传统商业银行向综合金融服务提供商转型升级。

（三）支持领域

1. 基础设施

需要在新型城镇中修建公路、污水处理厂等。根据这些投资项目的收益高低，新型城镇基础设施建设主要分为三类：其一，能够通过设施使用时的收费来实现盈利；其二，虽然可以收费，但无法覆盖整个成本；其三，纯粹公益性、无回报的项目。与此同时，新型城镇基础设施建设具有周期长、资金占用额大的特点，单纯依靠财政资金很难支撑项目建设，必须有金融的更多介入。

2. 农业现代化

它广泛涉及农业产业化、农业机械化、农业科技化等。与新型城镇基础设施建设相比，农业现代化具有较高的投资收益，不但适合各类银行业资金进入，证券业和保险业也有很多登台展示的机会。

3. 非农化建设

就银行业而言，对新型城镇非农化建设的支持并不等同于农业现代化，尽管商业银行与合作性金融仍然是相互配合、互为补充的关系，但合作金融机构的作用将更加凸显，而商业性金融的作用则退居其次。

4. 金融制度环境优化

首先，要加快财政补贴的政策性担保公司建设。其次，应完善农村土地流转的评估和抵押办法，以使新型城镇化建设更加便利获得社会资本支持。最后，还要加快推进信用信息共享建设，切实维护良好的金融秩序。

第四节 研究内容与方法

一、主要研究内容

本书共分为九章。第一章介绍研究背景及意义、相关概念界定、主要研究内容与方法。第二章为文献回顾，对国内外城镇化建设及金融支持研究现状进行较为全面系统的回顾与评述。第三章对国外城市化发展进程进行概述、总结，并指出对我国新型城镇化建设的借鉴意义。第四章在比较研究国外几种典型的城镇化模式及其存在的问题的基础上，深入分析国内城镇化的几大模式和典型案例，进而提出我国推进新型城镇化发展的政策建议。第五章主要研究地区经济增长、金融发展与城镇化水平之间的互动机理关系。第六章阐述我国新型城镇化的融资机制与创新实践，探讨强化金融支持，多渠道保障城镇化资金需求的具体举措。第七章、第八章分别从开发性金融和普惠金融视角阐述我国新型城镇化建设的金融支持路径。第九章为研究落脚点，提出新型城镇化金融支持的目标模式、路径及其优化的政策建议。

二、主要研究方法

（一）文献研究法

在大量阅读国内外现有相关文献的基础上，对已有研究成果进行系统的梳理与总结，借鉴吸收其中的真知灼见，作为本研究的重要基础。

（二）理论与实践相结合的方法

将经济理论、城镇化理论与金融发展理论与我国实践相结合，以我国代表性地区为实例，分析金融支持新型城镇化建设的实现路径。

（三）定性与定量分析相结合的方法

对于国内外众多已有的经济增长、城镇化发展的融资方法，基本上采用定性分析的方法；而对新型城镇化建设金融支持模式的选择则通过计量经济分析、博弈分析及信息经济学等定量分析方法。

（四）数学模型分析法

建立数学模型也是本书进行论述分析时使用的一种重要方法，并在各项研究中发挥作用。例如，通过计量经济模型分析经济增长、城镇化与金融发展之间的互动关系，通过博弈分析探究政府、企业、金融之间的协调关系等。

（五）多学科综合研究法

在研究过程中，吸收和借鉴系统分析、西方经济学、发展经济学、生态经济学、管理学、博弈论与信息经济学、金融学等一些优秀理论成果，对我国新型城镇化的金融支持方式、投资形式多样性等方面进行探讨和分析，为我国新型城镇化建设提供新思路、新观点和新方法。

三、可能的创新与不足

（一）创新之处

1. 拓宽新型城镇化的内涵

以人为核心的新型城镇化，是党的十八大以来党中央提出的一个城镇化战略新理念。这一新理念是在总结和反思国内外城镇化的成功经验与存在问题的基础上形成的，既具有高屋建瓴的理论高度，更适应我国经济发展进入新常态的现实国情。城镇化是现代化的必由之路，以促进人的城镇化为核心、提高质量为导向的新型城镇化战略，是新时代中国特色社会主义发展的重要实践。结合学术界对新型城镇化内涵的研究，并依据中央会议和出台文件关于新型城镇化内涵的阐述，笔者认为，所谓新型城镇化，就是统筹城乡发展，以人为本，走资源节约、环境友好、经济高效、社会和谐、“四化”同步、布局优化、城乡一体、文化传承的城镇化道路。统筹城乡发展是前提，以人为本是核心，资源节约、环境友好、经济高效、社会和谐、“四化”同步、布局优化、城乡一体、文化传承等是基本要求。新型城镇化是全面综合协调的城镇化，并非只是关注某个方面、某项指标的城镇化。

2. 通过计量经济模型分析经济增长、城镇化与金融发展之间的互动协调关系

现有研究成果显示，经济增长、城镇化和金融发展之间存在两两互动关系与协调关系，但同时把三者互动关系放在一起的研究还不多见。本书在回顾现有研究成果的基础上，以计量经济模型分析了三者之间的互动协调关系。

3. 新型城镇化建设中金融支持路径选择

新型城镇化建设目标对金融支持方式的选择有至关重要的影响。按照新型城镇化的内涵，地方政府无疑需要巨大的资金投入。这些投入在规模上远远超出了政府现有的财政收入，因此必须借助市场力量，构建一个多元化可持续的融资机制。本书分别从开发性金融和普惠金融视角阐述它们在城镇基础设施建设、城镇公共事业、城镇公共服务、城镇产业结构升级、城镇住房、农业现代化等领域的支持模式及其实现路径。

（二）存在的不足

城镇化概念是一个动态中不断发展的概念。我国城镇化正处于加速发展阶段，不管是理论上还是实践中都存在许多迫切需要解决的问题。我国新型城镇化建设中的金融支持是一个涉及面广、关系错综复杂但政策意义重大的研究领域，本书力图在现有研究成果的基础上，结合我国实践的最新进展，运用新方法、新数据进行探索性研究，其局限性可能表现为，研究结论有待未来实践检验和进一步深入研究；受个人研究水平和能力的限制，难免存在不足甚至错误。

第二章 文献综述

新型城镇化与金融发展对其支持是本书的研究主题。本章通过对相关文献的回顾与评述为后续研究寻找新的突破口和立足点，确定新的研究方向与主要问题。

第一节 城镇化建设相关理论

一、国外研究

近代以来，众多国外学者分别从经济学、社会学、管理学等角度，对人口迁移、城市规划和城镇布局等方面进行了详细研究，取得了丰硕的成果。从文献的内容来看，具体有以下一些理论。

（一）城市规划理论

1. 田园城市理论

英国建筑师埃比尼泽•霍华德 1898 年在其著作《明日的田园城市》中提出了著名的“田园城市”理论。这是一种将人类社区放置于田地或花园的区域之中，平衡城市和乡村、工业和农业的一种城市规划理念。霍华德关于解决城市问题的核心内容包括：①疏散过分拥挤的城市人口，防止摊大饼式的城市布局，完善乡村功能和服务，减少城乡差距，使农村居民安居乡村。②建设新型城市，即环绕一个中心城市（人口为 5—8 万人）建设若干个田园城市，当其人口达到一定规模时，就要建设另一座田园城市，形成城市组群—社会城市。③改革土地制度，使地价的增值归开发者集体所有。霍华德认为，城市、农村以及“城市—农村”三种生活形态犹如三块磁铁，相互联系，密不可分，必须有机地结合起来，协调一致地发展田园城市的理念蕴含了我国倍加强调的城乡一体化的思想，综合了城镇乡村的各自优点，体现了城乡统筹、和谐发展的宗旨，展示了“绿树村边合、青山郭外斜”的动人画卷，受到了近现代世界各国城市规划师的极大推崇，被规划界称为“现代城市规划的开端”。

2．卫星城镇理论

卫星城镇理论的渊源可追溯到19世纪末霍华德提出的“田园城市”，但直到1919年美国学者泰勒正式提出并使用“卫星城”这一个形象又恰当的概念。大体设想是在中心城市周围建立一层错落有致的城镇群，犹如行星周围的“卫星”。这种新型城市结构兼有城镇和乡村的种种优点，又避免了大城市的过度扩张和小乡村的发展滞后，是城市化过程中较为理想的一种形态。卫星城是指在大城市外围建立的既有就业岗位又有较完善的住宅和公共设施的城镇，是在大城市郊区或其以外附近地区为分散中心城市的人口和工业而新建或扩建的具有相对独立性的城镇。卫星城虽有一定的独立性，不像一个城市的区，但在经济、文化以及政治上与它所围绕的大城市的联系还是密切的，与一个城市的县类似，只是更多地侧重于产业互补、城镇互通和生活互连。

3．城市功能理论

刘易斯•芒福德于1938年出版《城市文化》一书，此书获得了极大的赞誉，甚至有人认为它是关于城市的里程碑式的文献。芒福德认为城市始终是个开放的大系统，一旦和外部环境脱离，就会逐步丧失活力；城市无论大小，都应该力争把自己的经济、文化活动和全国的（甚至是世界的）经济、文化活动联系在一起。在区域发展问题上，芒福德提出了城市功能理论设想，他认为区域是一个系统，而城市是它其中的一部分，所以，真正成功的城市规划必须是区域规划，必须从区域的角度来研究城市。在这里，区域整体性就是强调城乡一体化。因为城市与其周围区域之间存在着人口迁移和要素流动，他们构成一个巨大的系统，因此，城市规划不能孤立地从城市角度来研究，需要依托于整个区域来分析。

4．区域规划理论

苏格兰人文主义规划大师盖迪斯提出了区域规划理论，他的两部著作（《城市发展》和《进化中的城市》）不仅体现了区域规划中的“自然元素”，还包括人本主义思想，把自然地域作为规划的基本骨架，分析人类的聚居模式和生活的经济条件，将“自然”和“人文”统一起来。他强调既要重视物质环境，更要重视文化传统。要把城市的规划和经济社会发展的目标结合起来，这是盖迪斯区域规划理论的核心思想。在对城市化发展的探索中，人们认识到，城市发展到一定的阶段，逐渐向郊区延伸，将使很多城镇逐渐结合起来构成巨大的城镇集聚区，甚至形成所谓的特大城市、超级城市、巨型城市。因此，实际上，城市规划越来越成为城市和乡村相结合系统性的“区域规划”，而盖迪斯为此提供的“三部曲”城市规划方法是“调查—分析—规划”。

（二）城市布局理论

1．城市中心地理论

城市中心地理论是由德国城市地理学家克里斯塔勒和德国经济学家廖什分别于 1933 年和 1940 年提出的，后经过贝里、哈格特、格拉逊、普莱德等的进一步发展，理论体系已经逐渐完善起来。克里斯塔勒强调，城市的基本功能是作为其腹地的服务中心，为其腹地提供中心性商品和服务，如商贸、物流、金融、教育、文化、娱乐等。该理论认为，由于这些中心性商品和服务按其特性可以分为若干档次，因而城市可按其提供的商品及服务的档次划分成若干等级，各城市之间构成不同的层次关系。可以看出，提供的服务和商品档次不同，某中心地在区域中的地位就不同。中心地的发展可取决于其腹地对中心性商品和服务的需求：中心地规模越大，其数量就越少，就越有能力提供较高档次的商品或服务，但同时也能提供较低档次的商品或服务；而中心地规模越小，就只能提供较低档次的商品或服务。不同层次的中心地之间是互存共生的：高一级中心地向低一级中心地提供商品或服务，而低一级中心地向高一级中心地购买商品或服务。

2. 核心—边缘理论

在非平衡发展理论的基础上，美国地理学家弗里德曼（1966）利用熊彼特的创新理论，提出了核心—边缘理论。弗里德曼认为，任何区域在空间上都是由若干个核心区和边缘区组成，两者之间存在着不平等的发展关系。在空间上，核心区居中，边缘区处于外围，围绕核心区，两者相互依存，核心区依赖于不断的技术进步、高效的生产活动以及先进的运作模式等，从边缘区获取更多剩余价值，经济增长速度因而较快，主导了整个区域（包括边缘区）的发展方向和层次；边缘区由于自身的条件限制，在发展上依赖于核心区。受核心区“虹吸效应”的影响，经济发展处于相对落后的阶段。他主张，通过干预打破核心—边缘的二元结构，使核心区从大到小在边缘区发展，当某一级核心获得自主型增长后，就应当把重点转向下一级核心，从而防止城市过快膨胀威胁到核心区的发展；对边缘区应该从大到小逐级创造有利的发展条件，从而防止城镇相对萎缩不利于边缘区的成长。由此可见，随着城市空间格局的不断优化，核心区与边缘区的相对地位会发生变化，变得模糊起来，甚至发生逆转，因为要素的自由流动，核心—边缘城市体系不断朝着城市空间一体化的方向发展。

3. 有机疏散理论

芬兰建筑师沙里宁 1934 年在《城市：它的发展、衰败和未来》一书中提出了有机疏散理论。有机疏散论认为轻重工业不应该布置在城市中心，都必须疏散到郊区去。而许多事业单位和政府部门必须设置在城市的中心。城市中心地区由于工业外迁而空出的大面积用地，应该用来搞绿化建设，改善城市环境，也可以合理布局成商业区，从事商贸、物流、金融、信息等服务业，在城市中心工作的技术人员、管理人员、商业人员可以在此居住。当然，随着城市规模的进一步扩大，一部分商业企业和事业单位，还包括挤在城市中心地区的政府部门，将随着城市中心的疏散，离开拥挤的中心地区向新区拓展，这就使挤在城市中心地区的许多家庭随之疏散到新区去，从而新区不断繁荣发展起来，旧城市中心的人口密度就会降低。

4．多中心空间理论

在城市发展的早期，单中心城市成为最典型的传统城市类型，但是因为其人口规模不大、交通设施落后以及城市布局促狭，无法满足现代城市发展的要求，多中心空间理论由此产生。多中心理论由美国印第安纳大学埃莉诺与文森特夫妇共同创立。他们认为大城市公共管理十分“混乱”，虽然“看不见的手”一直在调节着城市的运转，维持城市秩序，但单中心格局不能适应城市进一步发展的需要，要向多中心治理转变。在多中心框架下，各级政府通过与非官方组织合作，在维持城市秩序的同时还提升城市管理水平。城市治理的根本目的在于创造一个平等、民主、自由的生活秩序，而单中心到多中心治理是世界都市的普遍规律，目前，多中心治理成为解决城市发展问题的基本范式。

5．城市群理论

城市群理论又叫大都市圈理论，是城镇化发展的核心理论之一。法国经济学家戈特曼教授于 1957 年率先提出这一概念，后来被世界各国普遍接受和广泛运用，并被作为衡量一个国家或地区区域格局和经济发展水平相配的重要工具。按照一般的说法，所谓大都市圈理论，就是在一定地理空间或区域内，由一两个大城市或以特大城市为核心，辐射并带动周边有一定关联度的一批中小城市，使其成为在全国乃至全球范围内有一定影响力、竞争力的区域城市群或城市带。这种城市群或城市带具有集聚效应的制造服务业和高度稳定的城市社区居民群体。随后，戈特曼（1967）指出世界存在六大都市圈，即纽约都市圈，占美国 GDP 的30%；环五大湖都市圈，占美国 GDP 的 20%；巴黎都市圈，占法国 GDP 的 30%；伦敦都市因，占英国 GDP 的 50%；东京都市圈，占日本 GDP 的 60%；长江三角洲都市圈，占中国 GDP 的 20%。

6．诺瑟姆曲线

美国城市地理学家诺瑟姆于 1979 年在其《城市地理》一书中提出了著名的诺瑟姆曲线。诺瑟姆曲线揭示城市化发展水平同经济发展阶段的对应关系，以城市化率（即城市人口占总人口的比重）为关键指标来划分不同的城市化发展阶段，通过图表分析发现，虽然城市化水平及所处阶段因不同国家而不向，但普遍意义上的城市化曲线呈S形。根据诺瑟姆曲线，城市化过程主要有三个阶段：城市化率在25%以下是城市化的初级阶段，此时，农业在国民经济中占非常大的比重，而城市人口不多，只占很小的比重；城市化加速阶段的特征是城市人口从25%增长到50%乃至70%，经济社会活动向城市集中，第二产业和第三产业增速超过第一产业，农业占GDP的比重逐渐下降，制造业和服务业的劳动力数量及其比重也不断上升；成熟阶段城市人口比重超过70%，整个经济社会活动的重心在城市，但仍有乡村农民从事农业生产来满足城市居民的需求，当城市化水平达到80%后，城市化就变得很缓慢，甚至出现逆城市化。

（三）区域发展理论

1. 增长极理论

法国经济学家佩鲁在1950年首次提出增长极理论，该理论被认为是区域发展理论的一块基石。美国的弗里德曼、瑞典的缪尔达尔和法国的布德维尔等各位学者在不同角度、不同层面上将增长极理论不断地发展完善。增长极理论认为：一个国家要实现平衡发展只是一种理想，在实践中是难以实现的，经济增长通常是从一个或数个“增长中心”逐渐向其他部门或地区传导。因此，应选择特定的区域（产业）作为增长极，以带动经济发展。在城市空间布局中，应该有意识地培育一些重点产业集聚区，使之成为这个地区的增长极，通过增长极的极化效应，吸引优势资源向这个地区集中。另一方面，通过增长极的极化效应，对其他地区的产业产生带动作用。可见，增长极在一个地区的经济发展中扮演极其重要的作用，它能够通过集聚发展和链式发展引起产业和人口在空间上的聚散。

2. 点轴理论

点轴理论是由波兰学者加萨伦巴和马利士提出来的，该理论是增长极理论的一个延伸。他们认为，从许多国家或地区的经济发展历程来看，经济中心总是首先集中在少数基础较优、条件较好的区位并成点状分布。这种经济中心既是区域增长的极，也是点轴发展的点。随着经济的不断发展，经济中心逐渐增加，形成了一些或更多的点。点与点之间由于生产要素自由流动和优化配置需要交通线路以及通信线路、水电气供应线路等的支持，这些线路相互连接起来就是轴线。这种轴线首先是围绕区域发展中的点（也就是增长极）而分步的，但轴线一经形成，对人口、要素具有吸引力，吸引人口、要素向轴线两侧集聚，并强化这些点，以点连线，以线代面，就形成点轴系统。在实践中，点轴理论得到了越来越多的应用和推广。例如，辽宁省提出“五点一线”的国家战略，长江中游城市群所构筑的“中三角”结构。

3．梯度转移理论

1965 年，美国经济学家威廉姆以罗斯托的成长阶段理论为基础，结合库兹涅茨的倒“U”形收入分配假说，分析区域经济的差异性，发现地区经济发展阶段与区域经济差异之间存在着倒“U”形关系。后来，一些经济学者把产品生命周期论又引入来分析区域经济发展的阶段性，形成梯度转移理论。该理论认为，区域经济的发展取决于其产业结构的状况，而产业结构的状况又取决于区域产业，特别是主导产业在产业生命周期中所处的阶段。如果主导产业处于创新阶段，则说明该产业就是新兴产业，因此，将该区域列入高梯度区域。如果主导产业处于衰退阶段，说明该产业就是衰退产业，因此，将该区域列入低梯度区域。该理论又认为，随着时间的推移，产业生命周期不断发生变化，产业逐渐从高梯度地区向低梯度地区转移，而这种梯度转移过程主要是因为资本的逐利性使其在不同层次的区域之间得以转移。

（四）二元结构理论

1．刘易斯—费景汉—拉尼斯模型

1954 年，美国发展经济学家刘易斯在《曼彻斯特学报》上发表了《劳动无限供给条件下的经济发展》一文，提出了二元经济结构模型。刘易所认为，许多发展中国家的城乡经济关系构成一个二元经济结构，存在着两个完全不同的经济部

门，一个是现代工业部门，其劳动生产率和工资水平较高，资本较丰富；另一个是传统的农业部门，其劳动生产率低和工资水平低，但劳动力丰富。刘易斯指出，经济的发展依赖于现代工业部门的扩张，而现代工业部门的扩张又需要农业部门提供丰富廉价的劳动力。因此，经济发展的过程就是农村剩余劳动力不断地由传统农业部门向现代城市工业部门转移的过程。随后，拉尼斯和费景汉在1961年共同发表了《经济发展理论》一文，1963年共同出版了《劳动过剩经济的发展：理论和政策》一书，完善了刘易斯模型，修正了刘易斯模型的一些缺陷，拓展成一个更加现实、相对动态的二元结构模型，人们称之为刘易斯—费景汉—拉尼斯模型。

2. 托达罗模型

在刘易斯—费景汉—拉尼斯模型中，认为城市工业部门不存在失业，资本积累和就业机会具有正相关性。但是20世纪60、70年代，在发展中国家，从农村流入城市的劳动力大大超过了城市工业部门的吸纳能力，城市也出现严重失业问题。这个现象的出现，使基于充分就业假定的刘易斯—费景汉—拉尼斯模型无法解释。众多经济学者开始反思和反驳刘易斯—费景汉—拉尼斯模型，认为人口的适度流动能促进经济的增长，人口的过度流动可能会加剧城市的失业。美国经济学家托达罗（1969，1970）在修正刘易斯二元结构理论的基础上，提出了一个城乡预期收入的模型，来解释城市劳动力失业与农村劳动力迁入并存的现象。托达罗模型的基本思想是：人口之所以会发生迁移是因为人们感知城乡预期收入的差异，而不是实际收入差异的一种反应；只有当一个农民估计他在城市工作的预期收益高于他在农村的收入时，他才愿意迁入城市，否则，农民将会继续留在农村。因此，托达罗认为，决定劳动力流动的不是实际收入水平而是以实际收入乘以就业概率的预期收入水平。因为农民来到城市后能否找到工作还不得而知，这是一个概率事件；并且只有当预期收入大于农民在农村中的平均收入水平时才意味着农民从农村迁到城市有利可图（托达罗，1969）。托达罗模型为城乡人口流动和城市失业问题提供了一个很好的解释，因此，该模型得到了广泛的运用。

二、国内研究

1978 年以后，随着改革开放的深入以及社会主义市场经济的不断发展，国内一些专家、学者对我国推进城镇化的方向、途径和模式进行了深入的探讨，在分析各类城镇化模式利弊的基础上，提出不同的城镇化方向。主要有以下一些理论。

（一）费孝通的小城镇理论

自 1983 年以后，著名社会学家费孝通连续发表了《小城镇，大问题》《继续开展江苏小城镇研究》《小城镇，再探索》《小城镇，苏北篇》《小城镇，再开拓》《论小城镇及其他》等文章，研究了乡镇企业发展与小城镇发展进程、“三农”问题与小城镇发展的关系以及现代小城镇成长和变化的动力。费孝通主张中国城镇化道路应该以发展小城镇为主，大中城市为辅；认为乡镇企业使周围的居民实现就近就业，收入水平上升，带动基础设施和公共服务的发展促进了城镇规模的扩大和数量的增多，加快了城市化的进程，并在此基础上提出了“苏南模式”“温州模式”与“珠江模式”等城镇化发展模式，在中国城镇化实践中产生了重要的影响。

（二）周一星的城镇化协调发展理论

地理学家周一星认为，现在有人还在争论中国的城镇化是走大城市发展道路、中等城市发展道路还是小城镇发展道路已经过时了。在中国规模宏大，层次繁多的城镇体系中，大中小城市和小城镇各有自己的作用，应取长补短、优势互补、协调发展，这点从现在推行的新型城镇化建设来看已经得到了印证。在他看来，从我国国情出发，中国特色的城镇化应该是城乡统筹、工农互动的城镇化，是速度适中、规模适度的城镇化，是形式多样、因地制宜的城镇化，是资源节约、环境友好的城镇化，是市场配置与政府调控相结合的城镇化。这也和政府力推的城乡统筹发展的思路一致。

（三）辜胜阻的城镇化概念

1991 年，经济学家辜胜阻在《非农化与城镇化研究》一书中使用并拓展了城镇化的概念，在后来的研究中，他主张中国的城镇化概念，并发表一批见解独特、影响广泛的研究成果。《非农化与城镇化研究》一书系统总结国内外各学者的人口城镇化思想，特别是国际上劳动力非农化以及城镇化建设的经验和教训，运用实证性研究方法，考察中国城乡人口迁移的动力机制和劳动力非农化的合理性和现实性。

（四）高佩义的城市化二大定律

高佩义博士在 1991 年出版的《中外城市化比较研究》一书中提出了城市化的三大定律，即城市化进程的阶段性规律、大城市超先增长规律和城市化与经济发展双向互促共进规律。郭鸿懋（2005）进行了如下总结：其一，城镇化进程的阶段性规律。虽然国外学者早已提出过城市化进程的“S”形曲线，但高佩义指出它“并不是一条规则定型曲线”，而是随各国或地区具体情况不同呈不同形状，或弯曲，或平直，或波动，但长期大趋势仍是呈“S”状。其二，大城市超先增长规律。高佩义指出这一规律“主要是城市化快速发展阶段的阶段性规律，并不一定是贯穿城市化过程始终的规律”；并指出这一规律的存在并不意味着人们可以随心所欲地扩大城市规模，否则“将是错误的，甚至是很危险的”。其三，城市化与经济发展双向互促共进的规律。高佩义指出两者之间的关系相当复杂。我们只看到两者呈正相关，还不十分清楚具体是怎样相互作用的。因此，不要盲目去“加速”和推动城镇化。

（五）郑弘毅的农村城镇化

郑弘毅教授在《农村城市化研究》一书中系统地论述了农村城镇化的理论、机制及适用性，对长江三角洲、珠江三角洲、京津唐、辽中南等地区的农村城镇化进行了较深入的实证分析。该书对我国农村城市化的主要特征、影响因素、操作机制、调控措施作了深入细致的探讨，突出地研究了城市化进程中经济和人口空间集聚与扩散机制，描绘了我国农村向城市的转变问题。

几十年来，国内学者从不同的角度对城镇化进行了深入细致的研究，形成了众多研究学派。

1．地理学派

胡序威、顾朝林、崔功豪、姚士谋等侧重于研究城市及城市密集区发展的宏观背景、微观机制、空间结构和演化机理等。

2．经济学派

杨云彦、李青、陶阳、王振亮等论述了工业化和城市化相关性，认为工业的发展不仅构成工业化的基本过程，同时在很大程度上推动了城镇化，城镇化又进一步适应工业化的要求。

3．环境学派

周复多、吴来、王锋、王诗鸿等提出，衡量城市发展与城市化水平不仅要有经济指标，还要有社会指标，要在经济建设的同时保护城市环境，他们认为城市是一个开放、多元的体系，涵盖“生态城市”“低碳城市”“森林城市”和“园林城市”等不同类型。

三、国内外城镇化建设理论述评

综上所述，国内外已经出现大量关于城镇化的理论，这些理论有的是从区域协调的角度论述城镇化问题，有的是从城市规划的角度提出真知灼见，不少理论是基于国外具体的区域背景和时代特征，有些值得借鉴，有些则不符合我国具体的国情。而国内相关的城镇化研究大多侧重于城镇化道路的研究，有的则是国外城市化理论的具体应用，难免出现“水土不服”的情况。当然，这些基于各种不同视角的研究成果对推进我国的城镇化建设起到了十分重要的作用。美中不足的是，对欠发达地区的城镇化研究较少，适合中部地区的城镇化模式和路径研究还不多，这将成为我国区域城镇化研究的重要内容之一。

第二节 经济增长、金融发展与城镇化关系的相关研究

一、经济增长与城镇化

（一）国外研究

经济增长对城镇化的促进作用与方式，国外学者研究较早。英国经济学家威廉·配第在研究十九世纪欧洲的工、农、商等生产与贸易活动时发现，不同产业间存在比较利益差异，这种差异有可能驱使劳动力在部门之间流动，提高整体赋税的水平。这种流动在1867年被学者塞尔达用“城镇化”的概念进行描述，指明城镇化表现出的正是劳动力从乡村向城市转移。库兹涅茨曲线、克拉克等以产业结构作为中间桥梁，解释了经济增长与城镇化的互动关系，指出经济增长伴随着产业结构的调整与升级，而城镇化描述的正是非农产业向工业、第三产业的转化。经济增长就是通过产业结构的升级调整，自然而然地促进城镇化进程。上述过程的原理可用配第克拉克定理予以解释。经济增长条件下，劳动力第一步会从第一产业转向第二产业，经济继续增长导致人均GDP再得以提升后，劳动力第二步就开始逐步转向第三产业。从地理空间来看，上述过程表现为要素向城市的集聚，农村向城镇的转化。这种劳动力在空间分布上的重新配置，就是城镇化的发展过程。同一时期，大卫的研究证明，发展中国家的经济增长，尤其是工业化水平的提升，在城镇化进程中起关键作用。欧弗（1977）专门研究了社会主义国家的城镇化情况，结论为，包括中国在内，这些国家推行的工业化战略很大程度上提高了城镇化水平。盖勒（1996）研究则表明，经济增长和城镇化基本同时发生。贝尔蒂内利与布莱克（2004）从城镇化是非农劳动力人口集聚的立论出发，提出人力资本在上述集聚水平下会得到提升，与此同时，研究论证了人力资本的外部收益才是社会生产力提高的核心因素，所以城镇化对经济增长有着直接的推动作用，城镇化是经济增长的重要动力来源。

自霍利斯·钱纳里（1975）通过建立相关模型进行回归，提出了城市化率与人均GDP在增长过程中所具有的一致性特点等一般对应关系后，经济学家更倾向于用实证分析来证明城镇化对经济增长的促进作用。如在经济增长的模型运用方面亨德森（1974）最早将城市化内生于其中，卢卡斯（1988）又首次比较明确地提出了城市化与经济增长之间呈现正相关的命题。亨德森（1982）、沙利文（1983）、藤田（1990）和贝森（1987）等人利用相 似的分析逻辑框架对城市化与经济增长的相关性进行研究，实证分析后验证了命题“城市化 与经济增长具有明显的正相关关系”的正确性。也有学者通过可控制变量代替技术水平，构造城市化、城市集中和经济增长的半参数模型，分析了城市化对发展中国家经济增长的影 响，结果表明城市集中与经济增长之间存在倒U型关系，而城市化与经济增长之间没有系统的直接的联系（贝尔蒂内利等，2003）。

（二）国内研究

我国学者也对经济增长与城镇化的关系开展了更符合中国具体情况的研究。孙中和（2001）研究了比较利益驱动机制，将其放在城镇化的框架下考察并得出结论为，比较利益驱动的人口非农化过程只能体现传统城镇化认识中的人口迁移魏后凯（2014）持有相似的观点，认为从实质上看，城镇化体现出的是结构的变迁，而在空间结构、社会结构、经济结构这三大变迁之中，经济结构的变迁是首位的，起引领作用的。郭敏（2013）从反面表达了同样观点，指出城镇化的顺利实现在本质上就是要破除生产要素流动的种种现实障碍。徐达（2013）也指出，无论是强调把土地视为财富并进入流通领域，还是加强土地承载力，杜绝土地浪费，走集约化发展道路，都是为了促进要素的合理转移。黄毅（2006）认为，在新增长理论中，知识、技术的外溢是经济增长新动力，而这两点与区位因素息息相关。

实证研究方面，刘耀彬（2006）利用协整关系检验和基于向量误差修正模型的格兰杰因果方法，分时段地对中国城市化发展与经济增长之间的长期相关关系和因果关系进行了实证检验。曹玉华（2008）以县域经济与城镇化的关系为研究对象，以江苏地区为研究样本，研究两者的相关关系，较为精细地还原了江苏地区县域经济单位与城镇化的互动情况。朱孔来等（2011）以我国1978—2009年城镇化率和人均GDP年度时间序列数据为基础，建立反映城镇化水平和经济增长动态关系的向量自回归（VAR）模型。张志勇和李连庆（2012）以城镇化与经济增长之间的关系为研究对象，以山东省1978－2009年的经济数据为研究样本，并通过时间序列检验了两者的长期均衡关系。郑艳玲（2012）则以城镇化与经济增长之间的关系为研究对象，以河北省为样本进行了分析，格兰杰检验证实，河北省人均GDP增长是当地城镇化水平提高的格兰杰原因。靖学青（2014）采用1996—2011年西部地区12个省市区的省际面板数据，实证分析了城镇化的三个不同侧面即人口城镇化、产业城镇化、地域城镇化水平的变化对西部地区经济增长的影响和作用。王晓鸿、崔锦峰（2017）以西部大开发战略的实施为时间节点，将样本划分为两个区间，运用基于VECM模型的协整检验和基于VAR的格兰杰因果检验，分区间对甘肃省经济增长与城镇化因果联系进行实证分析。格兰杰因果检验结果显示，1978—1999年经济增长与城镇化双向推进，而在2000—2015年，经济增长与人口城镇化互为因果，综合结果为经济增长推动城镇化发展。

（三）经济增长与城镇化研究述评

尽管国内外的城镇化研究中已经有大量关于它与经济增长之间关系的文献，为我们的研究奠定了坚实的基础，但是通过梳理相关文献，可以看出，一方面，城镇化是如何促进农村经济发展的，其促进经济发展的内在机理与外在动力等，尚没有得到进一步的研究。因此有必要进一步探讨城镇化与农村经济发展之间的相关关系。对城镇化如何影响农村经济发展的机理进行分析，探讨城镇化是否促进了农村经济增长及其程度，以及城镇化过程中需要关注和解决的问题。另一方面，当前有必要根据不同地区的发展特点，在新型城镇化的背景下，对城镇化与经济增长间的关系进行测算，并进一步深入分析。虽然城镇化和经济增长的研究由来已久，但由于城镇化包含了经济和社会等多方面的变化，对经济增长影响也应当依据各自特点的不同进行单独讨论，二者之间联系的复杂性和不同地区所具有的特殊性，甚至研究方法和所选指标的细微差异也会引起研究结果产生分歧，城镇化与经济增长之间的关系不能简单地描述为促进、抑制或是相互促进等等，经济学界对城镇化和经济增长的关系莫衷一是。此外，随着空间计量经济学的发展，城镇化与经济增长的空间影响能够得到更精确的量化分析，因此空间计量方法与传统分析方法的结合，也将会成为今后城镇化与经济增长关系研究的发展方向。

二、金融发展与城镇化

（一）国外研究

国外对金融支持城市化的研究较少，发达国家的城市化进程起步早，城市工业部门的快速发展引致人口等要素在城市集中，产生了城市集聚效应，推动了城市化进程，因而对金融在城市化发展中的支持机制与动力研究较少；近年来，随着发展中国家（尤其是中国）城市化进程的加快，国外的相关研究有所增加，主要集中在城市化的资金来源及用途、土地财政及城市基础设施建设等方面。

国外相关研究表明，金融发展推动技术进步，推动长期经济增长，城市化进程与金融发展之间存在正向相关关系。劳埃德（2012）利用美国俄勒冈州、加利福尼亚州、内华达、华盛顿等地区的具体数据，构建了一个包含多状态分支效应的离散选择模型，分析在城市化进程中，土地资源的使用制度和金融发展等因素对城市化进程的影响。林山通过研究 1980—2009 年的相关数据，发现城市化率和能源消费、金融发展、经济总量、总贸易额存在协整关系，而且金融发展、经济总量、城市化率和贸易总额长期正相关。约鲁尔马兹研究影响金融普及指数的社会、经济因素，选取 2004—2010 年欧盟 27 个成员国和 5 个候选国的相关数据，以收入、人类发展指数、人均 GDP、基尼系数和农村人口占总人口的比重为自变量，结果表明，农村人口占总人口比重与金融普及负相关，农村人口比重越高，金融排斥越强，结果与预期相符。姚耀军基于我国大陆省际面板数据，以资本转换率、FDI、城市化率、政府干预等作为控制变量，论证金融中介发展对全要素生产率有着显著的推动作用，李晨刚采用 1978—2012 年间贵州省的相关数据，构建 VAR 模型，通过协整分析、格兰杰分析等方法表明二者之间存在长期稳定的相关关系，城镇化与金融发展之间存在双向影响。

（二）国内研究

国内相关研究主要集中于以下三个领域：

1. 关于金融发展是城镇化的重要推动因素的研究

学者们的研究表明，金融要素是推动城市化的最为重要的因素之一，城镇化与金融发展显著正相关。郑长德（2007）认为金融中介的发展与城镇化进程间内含着一种互动机制，一方面，金融中介可以促进城镇化发展；另一方面，城镇化水平的提高又可以通过生产要素的不断集聚，使市场规模得以扩大，从需求和供给两个方面促进金融中介的发展。黄勇、谢朝华（2008）采用非结构化的向量回归（VAR）模型检验发现，我国银行贷款和城镇化建设之间存在着直接因果关系。银行贷款对城镇化建设具有重要的支持效应，但金融部门对城镇化建设的资金需求的兴趣在降低，为了更好地满足城镇化建设中的资金需求，可以通过建立多元化的投融资体制，完善城镇金融服务体系、完善信贷管理体系和规范政府与金融部门之间的关系等途径，强化金融支持效应。郑枚、傅强（2008）研究表明，保费收入、存款余额、贷款余额、金融机构的现金收入四个指标的增加都促进了城镇化率的提高。王楠（2011）从以下几个方面探索城市金融发展对城市化影响的机理和方式：通过建立 PVAR 模型，发现金融发展是城市化程度的格兰杰原因，金融发展可以促使城市化程度的提高；通过建立面板协整模型，发现全部金融机构的贷款与 GDP 的比率对于城市投资是正向的拉动作用；通过建立动态面板数据模型，发现城市金融发展对城市产业结构的升级具有一定的正向推动作用，且这种作用具有一定的滞后性。

2. 关于城镇化金融需求的研究

研究认为，城镇化建设蕴含巨大的金融需求。城镇化的金融需求可分为以下几类。①基础设施与公共服务设施建设的金融需求，②产业发展的金融需求，

③保险与社会保障的金融需求，④其他现代金融服务的需求。有关方面测算，当我国城镇化率达到60%时，所需资金高达30—50万亿元，每年的资金需求高达数万亿元。中国计划在未来20年的城镇化进程中支出40万亿元，约合2012年GDP总量。按年均提高1%的城镇化速度，转移人口每年达到1300万，10年达到70%的城镇化水平，将总共转移约1.3亿人口，平均每个转移人口约需投入15万元，则全国年均投入约2万亿左右，而我国城市化建设资金不足是普遍存在的问题，2011年，中国城镇建设投资的费用总额1.4万亿，缺口约0.6万亿，规模十分庞大。

3. 关于城镇化金融需求难以被有效满足的研究

理论上，农村金融外生于农村经济。传统的金融理论认为，金融内生于经济增长，对经济增长至关重要。而研究表明，我国农村金融发展并非内生于农村经济，其发展过程是由政府主导的农村金融无法满足农村经济增长的需求，或满足效率较低（张杰，1998；何广文，2001）。新中国成立伊始，我国经济发展战略是重点发展重化工业的“赶超战略”，资源向城市与工业部门集中，由政府垄断的农村金融系统自然成为将农村资金输送到城市和工业部门的资金渠道，导致农村资金大量外流 （林毅夫，2000；温涛，2005），对农村经济增长没有形成有力的支撑。制度上，我国农村金融存在巨大的结构性缺口，农村金融供给与金融需求不匹配。我国“初级化”的金融供给不能适应农村城镇化信贷资金的增长需求，“初极化”特指县域商业性金融供给，随着我国支农政策的陆续落实和农村城镇化建设的推进，农业持续实施规模化与专业化生产，农村民营企业与工商户数量不断增加，其贷款规模与增长速度明显提高，这与农村商业性金融机构收缩金融网点、信贷增长缓慢及民间金融发展受限存在严重的冲突。实际操作中，农村金融服务成本较高与信息不对称造成了农村金融供给的短缺。增加农村金融服务成本的主要因素有：业务规模小，交易成本高；贷款人缺乏物权保障，农村客户常常缺少现代商业银行所要求的传统形式的抵押品；金融风险集中度高，农村金融资产组合的整体风险较高。农村金融供给不足的关键因素是信息不对称。

（三）金融发展与城镇化研究述评

国内外研究表明，城镇化是一个复杂的系统工程，涉及经济与社会发展的方方面面，涵盖了农业转移人口、工业化、产业结构优化、制度、政策等影响因素，而金融是联系上述要素的一个重要纽带，在城镇化进程中不可或缺。学者们已经就金融支持城镇化过程中的金融供给、金融需求等方面进行了非常充分的阐述与论证。然而，金融支持城镇化的相关论证在以下两个方面还有所欠缺，需要进一步的研究与探讨。

一是金融对城镇化建设的贡献与支撑路径研究仍有不足。新中国成立后我国农村金融发展存在的先天不足以及 20 世纪 90 年代后商业银行的利润经营导向导致了农村金融滞后的特点突出，这造成了农村金融发展与城镇化之间的关系十分脆弱，二者之间有时会表现出相关较弱甚至是负向相关。值得一提的是，2007 年之后农村发生了金融增量改革，农村金融体系新增了与农村经济发展个体规模相匹配的小型金融机构，这种补充为分析金融支持农村城镇化以及比较农村金融增量改革前后的影响效果提供了更广阔的研究空间。

二是金融支持农村城镇化的机制与机理方面的研究较少。农村城镇化发展的瓶颈不仅表现为金融对产业的支撑不足，还表现在小城镇基础设施资金不足，新增城镇人口的金融服务需求得不到充分的满足等方面，金融支撑不足只是其表面现象，背后是制度上存在滞后或制度供给不足，机制与机理的研究将为建立良好的农村金融制度提供坚实的理论基础。

三、金融发展与经济增长

（一）国外研究

金融发展与经济增长的义系是现代经济学中一个富有挑战性的研究课题。一些经济学家如戈德史密斯（1968）、麦金农和肖（1973）、列文和金（1997）等的开创性研究，奠定了这一领域的研究基础。

第二章 文献综述

在戈德史密斯（1968）对金融发展与经济增长之间联系的开创性研究中，采用金融中介资产对GNP的比重代表金融发展水平，其前提是金融系统的规模正相关于金融服务的供给与质量。戈德史密斯运用35个国家1860—1963年的有关数据，通过对各个国家金融发展状况和经济发展水平的观察，发现虽然各国的金融结构和经济发展水平不尽相同，但它们却具有基本一致的金融发展道路，金融相关比率、金融机构的相对地位等的变化也都呈一定的规律性，并且特别强调发达国家与欠发达国家在金融发展中的明显区别，认识到金融发展对于经济增长可能有相当重要的作用。戈德史密斯得出的分析结论是：经济增长与金融发展是同步进行的，经济快速增长的时期一般都伴随着金融发展的超常水平。

麦金农和肖（1973）的研究认为，金融服务的数量和质量可以部分解释经济增长率，经济发展的前提是金融不能处于抑制状态，为了给经济发展提供足够的资本来源，必须依靠一个功能良好的、能够动员国内外资源的、高效的金融系统。

近期的一些研究对戈德史密斯的工作进行了改进与发展。例如，金和列文（1993）研究了80个同家，其样本期为1960—1989年，系统地控制了影响经济增长的其他因素，考察了资本积累与生产率提高的途径，构造了测量金融发展的其他指标，分析了金融发展水平能否预测资本积累、生产率提高与长期经济增长。另外，盖勃（1989）、格勒和罗丝（1994）、帕加诺（1993）等也从不同侧面对金融发展与经济增长之间的关系展开了进一步的研究。列文和金（1997）的研究后，人们越来越趋向于同意“金融发展与经济增长之间存在着正的一阶关系”的观点。

一些金融发展理论也对金融发展与经济增长之间的关系进行了研究。麦金农和肖（1997）的金融抑制论和金融深化论认为，“金融抑制”的存在严重阻碍了资本积累、技术进步与经济增长，而“金融深化”借助市场的力量实现利率、储蓄、投资与经济增长的协调发展。金融发展与金融深化对资本积累与经济增长具有极其重要的作用，发育良好的金融市场及畅通无阻的传导机制有利于储蓄的增加和储蓄向投资的有效转化，进而推动资本积累、技术进步及长期经济增长。

列文（1997）从交易成本的角度对金融系统的作用做了全新的解释。他认为由于交易成本与信息成本的存在而产生了市场摩擦，金融中介的作用在于消除这些摩擦，起到融通储蓄、优化资本配置等作用，金融发展则降低了信息与交易费用，进而影响到了储蓄水平、投资决策、技术创新及长期增长速度。

（二）国内研究

目前，我国理论界对于整体金融发展状况的研究已有大量的成果，谢平（1992）、易纲（1996）、赵志君（2001）等对我国金融资产结构的定量分析推动了研究金融发展问题的深入。王广谦（1997）、胡鞍钢（1999）、王绍光（1999）、宾国强（1999）等对我同通货紧缩、资本投入、实际利率、金融深化与经济增长贡献的定量研究，使宏观金融研究与宏观经济研究在方法论上得到了很好的结合。樊纲（2000）、周振华（2000）等对金融发展与企业改革问题的探讨，提出了金融发展对我国经济改革的必要性。谈儒勇（1999）、韩廷春（2001）、曹啸和吴军（2002）等运用规范的实证分析方法研究了中国金融发展与经济增长的相互关系。赵旭（2000）、曾康霖（2000）、陈军和王亚杰（2002）等分别探讨了银行的效率、银行和股票市场发展对经济增长的作用，揭开了对微观金融发展与经济增长关系的研究。

王广谦（1997）分析了现代经济发展中的金融因素与金融贡献，认为金融对经济发展的贡献体现在三个方面：金融有助于提高要素投入量；有助于提高要素生产率；金融部门的产值直接增加了经济总量。最后他估算出，金融部门通过直接或间接的作用对经济增长的贡献率达到了 19.6%。

谈儒勇（1999）依照金和列文（1993）、列文和哲沃斯（1998）的经验分析方法，采取普通最小二乘法得出我国金融中介发展和经济增长之间有显著的、很强的正相关关系。这意味着我国金融中介体的发展促进了经济增长，同时也说明金融中介体的发展不能滞后于经济增长。但他认为，我国股票市场、债券市场的发展与经济增长之间的关系较不明显。

韩廷春（2001）研究认为发育良好的金融系统和畅通无阻的传导机制有利于储蓄的增加，以及储蓄向投资的有效转化和生产效率的提高，从而有利于投资的增加和资本的积累，而资本增加与资本积累的过程必然伴随着知识水平的更新与技术的提高，从而提高了资金与劳动力的生产效率，进而导致产出水平的增长；产出增长导致储蓄的进一步增加，并通过金融发展促使投资进一步增加，通过技术进步促使生产效率进一步提高，进而推动经济的更快增长，整个经济就处于这样一个循环过程中。

考虑到谈儒勇（1999）没有进行因果关系检验，曹啸和吴军（2002）采用格兰杰因检验法对金融中介发展与经济增长之间的因果关系进行补充检验，结果显示金融发展是经济增长的重要原因，并认为金融发展对经济增长的促进作用主要是通过金融资产数量的扩张来实现的，而不是通过提高金融资源的配置效率来促进经济增长的，这就导致了我国经济增长的粗放型发展，同时也说明我国目的的金融深化水平还处于一个很低的水平。

陈军和丁亚杰（2002）通过对我国金融发展与经济增长关系分析，认为金融发展为经济增长提供了更多数量和更高质量的金融服务。但是，金融发展少的银行和股票市场在经济增长中的作用有所不同，银行的作用更多地表现在规模上，通过提高资本积累规模促进经济增长；股票市场的作用更多地表现在投资效率上。主要通过提高资金配置和使用效率促进经济增长。

（三）金融发展与经济增长研究述评

综观西方金融发展与经济增长理论的研究，大致可以分为两大派，即金融结构论与金融压抑论。金融结构论认为金融变量的数量及结构影响经济增长，金融深化的有关指标以及总金融资产的结构就构成了经济增长的重要影响因素。金融压抑论则强调价格变量是影响经济增长更重要的因素，认为实际利率与实际汇率的自由化是推动经济增长的重要途径，而低于均衡的实际利率与高估的国内货币等形式的金融压抑阻碍了经济的增长。尽管金融结构论与金融压抑论研究问题的出发点有所区别，但所关注的问题的实质却是相同的，都在寻求金融发展与稳定增长之间的联系。国外这些已有的文献和理论观点对于研究我国经济与金融发展都提供了很好的基础。

我国学者的研究从我国地区经济增长不平衡的实际出发，为解决区域金融与区域经济增长问题做出了重大贡献。但是，这些研究仍然存在一些问题：要么侧重于建立区域金融理论；要么是以较为发达、范围较小的地区做研究对象，以此论证金融结构发展促进地区经济增长的观点；要么从整体上研究中国各地区金融与经济的关系，得出政府治理结构转变的结论。这些都没有涉及如何利用金融促进经济相对落后地区经济增长的问题。

四、经济增长、金融发展与城镇化

朱显平、王锐（2015）用中国 1978 年至 2012 年中国金融发展、城镇化水平的数据，分析了两者对经济增长的影响。其研究结论为，从长期看，城镇化能够促进经济增长，金融发展规模能够促进经济增长，而金融发展效率没有促进经济增长，产生了阻碍作用。城镇化对经济增长的促进作用具有滞后性；经济增长对金融发展规模具有正向响应，对金融发展效率具有负向响应。丁丽辉（2013）从理论和实证两个角度对金融发展和城镇化在经济增长中的作用进行阐述，在实证中以十个副省级城市为研究对象，在传统柯布道格拉斯函数中劳动力和资本两个投入的基础上，引入了金融发展、城镇化两个变量作为投入，运用面板数据线性回归分析，结论为金融发展和城镇化与经济增长是正相关的，金融越发达，城镇化水平越高，地区产出水平越高。中国人民银行天津分行课题组（2013）基于历史数据，运用向量自回归与面板数据，对我国城镇化建设、经济增长和金融支持之间的关系进行了分析，实证结果表明，我国城镇化建设对于我国经济增长具有明显的促进作用，同时金融体系对城镇化建设的支持力度亟待加强。

总体上看，目前将经济增长、金融发展与城镇化三者结合在一起的研究还不多见，而涉及三者间协调性的研究更为缺乏。

第三章　国外城市化发展进程与启示

由于受到各国社会、经济、文化及城市发展的历史等多种因素的制约和影响，各国的城市化各具不同的特点，城市化的进程和发展水平存在相当的差异。同时，由于城市化是经济和社会发展的必然过程，所以，各国的发展虽然有差异，但又有共同的规律。分析世界各国城市化发展的特点和全球城市化的共同规律，对推进我国的城镇化进程具有参考意义。

第一节　国外城市化发展进程中的阶段性特征

一、国外城市化发展阶段

（一）城市化兴起阶段

全球城市化的进程始于 18 世纪中叶的英国。18 世纪到 19 世纪中叶，英国经过工业革命，其制造业、采矿业、建筑业、交通运输业、商业和其他服务性行业迅速发展，农业在国民经济中的基础地位让位于第二产业和第三产业，经济结构和社会结构发生重大改变。在产业结构发生急剧变化的同时，为适应新兴产业的需要，农村劳动人口开始向城镇流动，城市人口比例急剧增加，城市化水平迅速上升。在这时期，世界各国中，只有英国一个国家的城市化水平达到了 50%以上。此时期其他国家的城市化进程刚刚开始，如法国的大规模农村劳动力转移始于 19 世纪 30 年代，美国的农村人口向城市转移始于 19 世纪 30 年代，但直到 19 世纪 90 年代之后才出现了大规模的人口转移。

（二）城市化广泛扩张阶段

自 18 世纪英国开始工业化革命之后，工业化进程在欧洲国家全面发展，并逐步扩展到北美洲、南美洲、大洋洲、亚洲和非洲，城市的数量与规模也随之不断扩张。欧洲和北美洲的城市化进程快速发展，其他国家的城市化也逐步开始起步，城市的规模、范围在世界各地快速扩张。到1950年，欧洲和北美国家基本实现了城市化，城市化水平超过了50%，发展中国家城市化开始起步，全球各国城市化开始步入了快速发展的阶段。

（三）城市化加速发展阶段

第二次世界大战结束后，随着欧洲各国战后重建，发展中国家的独立与发展，全球工业化进程进入一个高速发展的时期，城市化进程也进入快速发展阶段。欧洲国家的城市化水平在已有的基础上进一步提高，发展中国家的城市化进程不断加快。1985年，市场经济国家城市化水平达到77%，中上等收入国家达到75%，中等收入国家达到50%，低收入国家达到31%。到2000年，世界城市人口占总人口的比重从1950年的28.4%上升到47%。目前，全球已有80多个国家和地区的城市人口占总人口的一半以上。

二、国外城市化发展进程中的阶段性特征

（一）城市化在世界经济中呈现加速发展趋势

从各国的历史情况分析，在城市化进程中，一个明显的特点或者规律是各国实现城市化的时间逐步缩短。以城市人口比重上升为标准进行衡量，各国从开始城市化进程到实现高度城市化，所用时间逐步缩短。如美国的城市人口比重由1851年的12.5%上升到1981年的74%，历时130年，日本的城市人口比重从1930年的24%上升到1971年的72%，历时40年；韩国从1950年到1975年，仅仅25年时间，该指标超过50%，到1990年又上升到74.4%。这些数据说明，进入20世纪后，由于工业化、现代化在各国的快速发展，其对城市化进程的推动作用也日趋强劲，极大地促进了全世界城市化发展的速度。城市化的加快发展，意味着随着工业化和现代化进程的加快以及其影响范围的不断扩大，随着科学技术的进

步加快和高速发展，对城市化的推动力量越来越大，城市化的进程因此而不断加快。对发展中国家来说，在其经济发展逐步融入世界经济发展的过程中，其工业化进程会出现跳跃式的发展，城市他的发展也因此而加快速度。

（二）城市化与工业化和现代化基本保持同步，具有较高的相关性

从欧美各国的城市化发展过程分析，其一个共同的特征是城市化的进程与工业化、现代化进程保持了基本同步，相互之间具有较高的相关性。以英国为例，其城市化进程始于 18 世纪中叶，而同期，英国工业革命正处于高峰时期。由于科学技术的进步，工业产业快速发展，带来对劳动力的大量需求，不仅推动了城市的发展以适应人口集聚带来的更多需求，促进了第三产业的发展，同时也对农业生产形成了强烈的冲击，拉动了农业剩余劳动力的转移。另外，工业化和现代化的作用，还体现在农业生产技术进步带来的农村劳动生产率的不断提高，降低了农业生产劳动力的需求，对农村劳动力转移到城市起到了较强的推动作用。欧美各国的城市化与工业化和现代化之间表现出二者发生、发展在时间上的一致性，工业化的开始和工业化的高潮时期，城市化的进程也经历了开始和高峰时期。另外，欧美发达国家的城市化水平与工业化程度的相关系数，也说明了发达国家的城市化水平同工业化水平存在着非常高的相关性。

城市化与工业化和现代化之间的高度相关性说明，作为城市化的主要动力，工业化和现代化带来了对劳动力的巨大需求、带来了人口在城市地区的集聚、带来了资源的集聚，积极地推动了城市化的进程。另一方面，工业化带来的结果是国民经济结构的不断丰富和完善，专业化分工带来了产业结构的演变，带来了就业结构倾向于非农化的变化，为农村劳动力的非农化转移提供了必要的基础和条件。同时，城市化的发展带来了第三产业的快速发展，其为社会提供“服务”的特征，带来了对劳动力的巨大需求，为农村劳动力的转移和就业创造了机会。

（三）特大型城市的地位和作用越来越强

世界各国的城市化进程中，有一个明显的特征是特大型城市在经济社会发展

中的地位和作用越来越强。随着规模的不断扩大、人口的迅速增加和功能的不断完善，大城市带逐步形成，成为经济社会发展的中心区域。从世界各国，特别是发达国家的情况看，大城市带往往集中了较多的人口、经济生产力和高度发达的第三产业，经济实力极强并成为国家或地区经济和社会发展的龙头。例如，日本的东京都、大阪和名古屋三大都市区面积仅占日本全国的13%，却聚集了全国人口的49%，提供了近60%的国内生产总值。法国的“大巴黎区”和英国以伦敦为中心的“大城市外围区”面积都达1200平方千米以上，作为龙头，它们分别形成了人口最集中、经济最发达的专业化、集约化、组合化的城市群落。美国的东海岸，以世界金融贸易中心纽约为龙头，其他若干城市串联在一起，形成了美国最发达的东海岸经济带。

（四）农村劳动力向城市的转移与工业化和城市化同步

城市化的过程，是农村劳动力向城市不断转移的过程，是农村劳动力由农业生产就业向非农业生产就业转移的过程。从发达国家的城市化进程看，农村劳动力向城市的转移与城市化的进程是基本同步的。首先，工业化时期农村劳动力大规模流动的基本原因，是工业革命以及随之开始的工业化从根本上改变了社会经济结构，导致了劳动力的重新配置。在工业化的推动下，城市化不断发展。在工业化机器大生产取代了手工劳动后，原来分布于农村并能够生存的手工劳动逐步消亡，农村劳动力的就业逐步被工业和城市所消化，农村劳动力逐步向工业和城市转移和集中。其次，在废除了农奴制度和封建主义的生产关系后，土地私有化制度得以确立，使得农村劳动力向城市的转移得以顺利实现。工业和城市的发展，创造了更多的就业机会和更高的收入水平，吸引着农村劳动力向城市的转移，同时，当竞争机制引入农业生产后，土地的兼并和农业生产的规模化随着农业生产的发展而逐渐出现，生产技术和管理的进步不断地提高了农业劳动生产率，更多地解放了农村劳动力。农村劳动力向城市转移，为二、三产业的发展提供了丰富的劳动力资源，促进了城市经济的全面繁荣。农村人口减少后，土地得以集约化经营，农业生产技术现代化得以逐步实现，劳动生产率提高，农村可以为城市的发展提供更多的食品和其他生活必需品。在此条件下，城市和农村得以相互促进，共同发展。

第二节　世界各国城市化的基本过程和特点

一、英国

英国是世界上最早开始城市化的国家，从其过程看，英国的城市化起步早、发展快、最早完成城市化进程。自 18 世纪工业革命开始，到 19 世纪中叶，英国城市人口占总人口的比重已经超过 50%，成为第一个基本完成城市化的国家。在经历了多年的发展后，到 1998 年，英国城市人口占总人口的比重达到 89%，非农就业人口的比重达到 98%。

英国的城市化过程中，有以下几个方面的特点：

第一，工业革命带来的城市发展、工业发展对农村劳动力的转移起到了强烈的拉动作用。在工业革命的作用下，英国的制造业、采矿业、建筑业、交通运输业、商业和其他服务业迅速发展，社会经济结构发生了根本改变，从而带来了城市的迅速扩张和发展以及对劳动力的巨大需求。在这种激烈变化的过程中，农村人口和农业劳动力快速向城镇和工矿区流动，城市人口急剧增加，农村人口相对地和绝对地减少。

第二，城市与农村发展水平的差异对农村劳动力转移起着强烈的推动作用。随着工业革命和技术进步，工业生产的规模不断扩大，带来了成本的降低和劳动生产率的提高；同时，工业生产的发展带动了城市的发展，商业、服务业、金融业等第三产业的规模也在不断扩大，城市生存环境和条件不断得到改善，与农村的生存环境和条件之间的差异逐步扩大。这种差异对农村人口和农业劳动力的转移产生了强烈的推动作用。

第三，土地制度变化和人口流动障碍的消除促进了农村劳动力的转移及城市的发展。英国的圈地运动始于 15 世纪，但当时受法律的限制，17 世纪资产阶级革命后，取消了对圈地运动的法律限制，圈地运动达到了前所未有的规模。在圈地运动的作用下，大批农民失去了土地，丧失了赖以生存的基础，变成了无产者，成为第二、第三产业劳动力的重要来源。同时，由于阻碍自由迁徙的相关法律的废弃和修正，人口流动的障碍得以消除，加上交通条件的改善，诸多因素在很大程度上促进了农村人口和农业劳动力向城市的转移，促进了城市化的发展。

第四，农业生产的变化促进了城市化进程。伴随着工业革命的发展，农业生产技术也得到了提高。随着土地所有制的建立，土地的规模经营得以实现，农业耕作制度的改变、农业机械的采用、排水和施肥技术的实施以及合理的组织和劳动分工，使英国的农村劳动生产率和单位面积农业产量明显提高。这种农业生产的变化，使农业生产劳动力的需求量减少，剩余劳动力数量大大增加，为二、三产业的发展和城市的发展提供了丰富的劳动力资源。

二、法国

法国的城市化进程相比英国较慢，农村劳动力转移历程的时间跨度较大。法国的工业化进程始于 19 世纪初期，到 19 世纪中叶工业产值明显增加，19 世纪末 20 世纪初，一些新兴工业的出现和发展使其国家经济接近最发达工业国。与英国的工业革命相比，法国在 100 多年中并没有出现一个急剧变化的阶段。在城市化进程中，法国的城市化以及农村劳动力向城市的转移与工业化过程相似，是一个相对缓慢而又平缓的过程，直到第二次世界大战以前，法国仍然是一个工农业并重的国家。

法国的城市化有以下特点：

第一，工业化进程缓慢，城市化进程渐进而行。从工业化起步到第一次世界大战前，法国的工业产值和就业结构虽然有变化，但变化的幅度并不大。与其他工业化国家相比，法国的工业化进程较为缓慢，以蒸汽机马力为例，1850 年，法国拥有 6.7 万马力，英国有 50 万马力，而到了 1880 年，法国拥有 54.4 万马力，英国已经拥有200万马力，德国拥有150万马力。同时，在吸收农村劳动力方面，也相对缓慢，如1866年至1913年的半个世纪中，工业中的就业人数只增长了4.2%。在法国的工业化过程中，手工生产得到长期保持，并没有很快地让位于机器化工业生产，工业生产的规模也没有出现大幅度扩大的急剧变化。人口的流动，特别是农村人口和农业劳动力向城市的流动相对缓慢，城市化进程是渐进的。直到第二次世界大战结束后，法国进入战后重建阶段，工业出现持续高速发展，工业就业人数急剧增加，城市化才进入一个新的时期。

第二，农业生产水平提高缓慢，农业现代化进程缓慢。在城市化的进程中，法国农业现代化进程缓慢发展的格局，对城市化的发展有重要影响。以农业劳动力占全国劳动力的比重衡量，1866年，法国农业劳动力的比重为49%，半个世纪后，1921年，其农业劳动力的比重仍然高达42%，农业劳动力向非农业生产的转移十分缓慢。在农业生产技术的提高方面，法国也明显落后于英国、美国、德国等国家。这种农业生产水平提高和农业现代化进程缓慢的特点，对法国的城市化进程有重要影响。

第三，在城市化进程中，小农经济文化、社会因素产生了重要的影响。法国实行的是小土地所有制，小农经济发达，农民对土地的依恋程度较高。在农业现代化的进程中，农业技术的更新、农业机械的使用、农业生产规模的扩大等，都受到了制约。在农民作为小土地所有者，不愿意离开土地的情况下，城市化的进程自然十分缓慢。

第四，第二次世界大战后，法国的工业化和城市化都进入了高速发展的时期。在此期间，农业进一步现代化，主要体现在农场的规模进一步扩大、农业生产部门与产前产后专业化服务部门联成一体，使农业更加社会化、商品化。同时，农民逐渐摆脱传统观念的束缚，加快了劳动力向城市的转移。随着城市人口的逐渐增加，城市地域不断扩大，城市数目逐渐增加。

三、美国

相对而言，美国是一个新兴的资本主义发达国家，其历史仅有200多年。但是，美国的城市化进程速度很快，从 19 世纪 20 年代开始到 20 世纪 60 年代完成城市化，用了 150 年左右的时间。在此期间，实现了工业化与城市化的同步，同时与农村劳动力向城市的转移、农业现代化同步，最终发展成为高度城市化的国家。1860 年美国城市人口占总人口的比重为 19.8%，1989 年上升到 77%。美国不仅城市化水平较高，而且其城市化还有一些其他国家无法比拟的明显特点。在 19 世纪末以前，美国联邦政府实行对城市生活不加干预的自由放任政策，即使其后有此类干预，也较其他国家少而轻。因此，美国城市化的进程较少受外来偶然或不确定因素诸如战争、自然灾害等的干扰，城市化的阶段性特征表现得甚为明显。在美国，市场经济对城市化的影响直接而强烈，这使美国的城市化进程有着清晰的脉络。

美国的城市化过程有以下特点：

第一，工业化的飞速发展，带来了城市化的高度发展。美国于 1776 年建国，在新中国成立之初，农业在国民经济中占主导地位。在英国工业革命的带动下，美国也开始了历史巨变。但是，在 19 世纪 20 年代以前，工业发展速度较为缓慢，工业企业的规模较小，城市化速度也很慢。1820 年后，美国工业化进程进入一个重要的转折时期，工厂逐渐增多，制造业发展日益兴旺。到 19 世纪 50 年代，新英格兰地区已经率先实现了工业化，成为全国的制造中心，集中了全国 69%的纺织工厂，有一半的纺织机器产自马萨诸塞州。到 19 世纪末，美国全国范围内完成了工业革命，成为全球最大的工业化国家，其工业占全球工业总产值的比重已经超过英国、德国和法国。与此同时，城市化的进程明显加快。1910 年，城市人口的比重已经达到 45.77%。

第二，交通条件的改善为城市化提供了必要的基础。美国地域辽阔，国土面积广大，没有必要的交通条件，工业的发展以及城市的兴起是不可能的。19 世纪 20 年代开始，在工业化的推动作用下，人们对交通条件的要求越来越高，从而在美国掀起了修建公路、开凿运河、修筑铁路的高潮。19 世纪 30 年代开始的开凿运河以及 40 年代开始的修建铁路高潮，都带来了经济和社会的快速发展，带来了城市化加速发展。

第三，农业现代化和地区差异的存在推动了劳动力的流动和城市化的发展。在城市化进程中，劳动力的流动是一个重要的决定因素。在美国的城市化进程中，劳动力的流动表现出几个特点，其一是工业区、城市地区与农村存在的差异产生了对劳动力流动的强烈推动作用，其二是农业生产现代化带来的农业劳动生产率的提高进一步推动了劳动力向工业、城市地区的流动。当然，在劳动力的流动中，奴隶制的废除带来的对黑人的解放，也产生了积极的作用。事实上，这几方面的因素共同推动了美国劳动力向工业和城市的流动。在美国城市化的后期，大城市对劳动力的吸引力起到了较强的作用。

四、日本

日本城市化始于明治维新时期，伴随工业化的推进而逐步演进，大体经历了4个阶段。第一阶段为城市化的准备阶段（1868—1920）。明治维新前，日本是一个农业国。1868年，日本第一产业人数占就业总人数的87.9%，第二产业只占4.1%。当时，全国只有为数很少的城市。第二阶段为初始城市化阶段（1920—1950）。随着经济的发展，日本劳动力逐渐由第一产业向第二、第三产业转移，人口和经济向城市区域集中。城市人口所占比重由1920年的18%上升到1940年的35%。之后，由于在二战中战败，大量劳动力被安排在农村，这延长了其初始城市化的时间。第三阶段为加速城市化阶段（1950—1977）。1950—1977年，日本城市化水平从37%上升到76%，年均增长1.5个百分点。1956—1973年是日本工业发展的黄金时期，18年间工业生产增长8.6倍，平均每年增长13.6%。日本工业的快速发展推动农业劳动力转移达到创纪录的水平，即平均每年转移42.9万人，年均转移递增率为3.6%，这有力地加快了日本城市化的进程。第四阶段为稳定（成熟）城市化阶段（1977年以后）。由于城市人口基本达到饱和状态，城市化速度缓慢。1996年城市化水平为78%，仅比20年前高出2个百分点，并且在这一阶段，很多居民开始从三大都市区向外迁移。

日本城市化的特点是：

第一，城市化与工业化同步发展、政府在城市化过程中的巨大推动作用以及民众的广泛参与。日本的城市化是伴随着工业的不断发展、工业区域的不断变化而演进的，在推进城市化的过程中非常重视民众的参与，将“城市是居民的城市”作为其建设城市和发展城市的一条原则。

第二，大城市居于主导地位。日本30万人以上的大城市人口比重一直较高，而且一直保持增长态势，目前其大城市数量只占全部城市数量的9.5%，但集中了全部城市人口的50%。

第三，地域上高度集中，但在高度集中地区分布仍不平衡。仅占国土面积14.4%的东京、大阪和名古屋三大都市圈，构成了日本城市化的地域主体，三大都市圈人口集中的程度不断提高。三大都市圈也分布了日本最多的城市，构成了日本最密集的城市群。在人口密集的城市地区，人口的分布也极不平衡。在城市化过程中，表现出向更小的空间范围内集中的特点与趋势。

第四，地区间城市化水平比较均衡，中心城市与周边地区机能高度统一。日本城市化水平在地域间比较平衡，在都市圈之间，基本不存在工作机会差别所导致的人口流动，人口的职业地与住所基本一致。而且都市圈范围内，中心城市与周边地区机能高度统一。都市圈内的中心城市与其周边城市之间存在着密切的联系，在生活机能和工作机能上有明确的分工。

五、韩国

韩国的城市化进程时间较短，但取得的成就十分显著。从1950年到1975年，仅仅25年时间，城市人口占总人口的比重就超过了50%，基本实现了城市化，到1990年，该指标又上升到74.4%，达到了很高的水平，2000年，该指标达到了82%，位居世界发达国家之列。可以说，韩国自二次大战后开始快速的城市化进程是一个飞跃式的发展过程，仅仅50年左右的时间，就完成了从落后的农业经济向发达的工业经济的过渡，整个国家的经济社会发展水平上升到全新的高度。

韩国城市化的特点是：

第一，城市的发展随着工业化的发展而完成。自20世纪60年代起，韩国采取了以出口为导向的外向型经济发展模式，首先大力推行发展以出口加工业为主的轻工业，为其后的重工业和化学工业的发展奠定了良好的基础。由于工业化的作用，加上韩国政府推行了城市“自发型”或者“自下而上”的增长机制，城市化得到了快速的发展，到20世纪末期，城市化达到了发达国家的水平。

第二，城市化进程中，根据发展和变化积极调整城市发展战略。韩国的城市化发展战略经历了三个阶段，体现出韩国政府根据发展和变化积极地调整城市化的政策和规划。第一个阶段，是主要城市迅速发展壮大阶段。1962年，韩国政府制定了第一个经济振兴计划，大力发展以劳动密集型为主的轻工业。同期，工业化主要集中在以汉城（今首尔）、釜山、大邱等大城市为中心的几个地区，以发挥这些大城市的基础设施优势。其结果，这些大城市形成了规模较大的工业生产能力，吸纳了大多数农村人口和农业剩余劳动力。第二个阶段，是地区平衡发展阶段。20世纪70年代，为了减缓工业及人口向汉城等中心城市地区的转移压力，韩国政府实施了新的工业发展政策，刺激和加强地区性工业基地建设。在此政策的作用下，非大城市地区的发展加快，大城市地区人口的比重略有下降。第三个阶段，是首都地区的非平衡发展阶段。进入20世纪80年代以后，韩国政府把经济发展的目标确定为经济的稳定增长和全社会的共同富裕，发展规划中，地区性发展均衡是一项重要的政策目标，这在一定程度上限制了大城市地区过快膨胀的趋势，加快了其他地区的发展。

六、印度

印度是一个人口大国，同时也是一个发展中国家，农业人口占总人口的比重相当高，截至目前，仍然有超过70%的人口生活在农村。印度的城市化进程大致有三个阶段。1920年前为第一个阶段，是印度城市化的萌芽期，城市化发展的基本动力来自商业而不是工业，城市化水平较低，长期徘徊在10%左右。第二个阶段为1920年到1947年独立前。在这一阶段，由于社会发展水平的提高促进了工业化革命，城市化发展取得了一定的进步，达到23%的水平。第三个阶段是1947年独立后至今。在这一阶段，工业化的不断发展和经济的持续增长，以及社会发展水平的提高，降低了人口死亡率，推动了人口的增长，并带来了许多新兴城镇的发展。

印度城市化的特点是：

第一，工业化进程缓慢，对城市化的促进作用不明显。在独立前，印度的工业化进程十分缓慢，对城市化的拉动作用并不明显，城市化的发展水平也较低。独立后，随着工业化进程的加快，就业机会不断增加，对促进城市化产生了一定的积极作用。

第二，较高的人口增长率和庞大的人口数量不利于城市化的发展。印度人口众多，人口的自然增长率速度较高，对就业的压力较大。在工业发展缓慢的条件下，大量的人口不得不在农村生产、生活，对其城市化进程有明显的不利影响。

第三，城市化出现严重的不均衡发展，大城市过度发展，城市病严重。印度的城市化过程中，大城市的发展过度膨胀，孟买、加尔各答、新德里和马德拉斯四个大城市中，集中了全部城市人口的1／6。人口在大城市的高度集中，给城市带来了巨大的压力，城市基础设施和公用设施非常有限，加上资金的不足、缺少政策的支持和系统的规划，城市的建设受到严重影响，城市生活状况恶化。同时，中小城市的发展受经济水平的制约，发展所需的资源严重不足，其发展缺乏机会和条件。

七、拉美、非洲等地

拉美、非洲的许多城市和城市体系是在殖民统治时期建立的，当时建设城市的主要目标是加强宗主国与殖民地的关系，并对农业和政治进行特有的控制，大部分国家的城市化模式具有明显相似的特征，而这些独特的城市化发展模式，又是与这些地区的国家长期沉陷为西方列强的殖民地直接相关。故学术界又将其称之为“殖民地式”的城市化道路。其特征可归纳如下：

第一，城市人口增长速度快，城市化率较高。据联合国对拉美和加勒比海地区 23 个国家的统计，1900 年该地区的城市居民还不到 1500 万，1950 年，该地区城市化率达到 41.6%，1990 年，城市人口总数超过 3 亿，平均城市化率高达 71.4%，绝大多数国家已经完成了城市化的高速发展阶段，其城市化率与西方最发达的国家相差无几。在北非和南非，大多数国家也经历了快速城市化的过程。如阿尔及利亚的城市化率从 1950 年的 22.3% 提高到 1990 年的 51.7%，突尼斯从 31.2%提高到 54.9%，利比亚更是从 18.6%提高到 82.4%。但城市化率总体水平比拉美国家的要低。

第二，人口的空间分布基本集中于大城市。拉美和加勒比海地区国家的城市人口大都集于百万人口的大城市。1900 年该地区没有一个大城市，而到了 1990 年，人口超百万的大城市有 36 个，并拥有 3 个人口超过千万的超级大城市，它们是墨西哥城、蒙得维的亚和圣保罗（1990 年里约热内卢的人口已接近 1000 万）。而且这些国家的首都在该国城市系列中“首位度”（指某个国家最大城市人口与第二大城市人口的比值。该值越大，说明该国城市化水平区域差异越大，城市发展不平衡）都很高，如巴西的里约热内卢、墨西哥的墨西哥城，承载了大量的城市人口，负担较大。

第三，从乡村流向城市和城市之间流动的人口数量巨大。多数拉美国家都经历了人口区域分布的重大变化。这些变化往往是由不同的经济因素所引发的。例如，厄瓜多尔沿海城市人口的迅速增加是因为那里被指定作为向宗主国出口的农产品基地。在流向城市的人口中，男人主要流向工矿城市和新兴工业城市，因为那里的多数工作只能由男人们干。而妇女多数流向大城市，因为大城市能够提供诸如家政服务、打扫办公室、销售的就业机会。在贫穷落后的非洲，随着殖民式货币经济和土地私有制的建立，农民们用劳动所得的薪水就可以换到商品和服务，出让仅有的土地就可以筹集路费，这些都促使了贫困的农民和灾区的劳动力，为了得到工作机会而在矿山、种植园和城市流动。

第四，殖民式的城市治理模式影响深远。在殖民统治的漫长岁月里，来自欧洲宗主国的移民在拉美和加勒比地区许多国家的人口和城市扩张中一直起着重要的作用，导致城市治理模式的欧洲化。非洲绝大部分城市所采用的城市规划法规、程序、机构设置和技术地图等等，也深深地打上了欧洲宗主国的烙印。正是因为拉美和非洲的城市化完全套用殖民主义宗主国的发展模式，无视这些国家原有的民族文化和基本国情，在乡村居民持续不断地流向城市的过程中，其经济却正在日趋衰落或停滞不前，城市贫困人口空前增加，城市必要的基础设施严重短缺。城市环境恶化，贫民窟增多。

第三节 国外城市化发展进程对中国城镇化的启示

一、牢固树立“以人为本”的城镇化理念

从欧洲历史经验看，城市化可以成为国家经济发展过程中重要的经济增长点。但是，要通过城市化推动经济发展，政府首先要树立“以人为本”的城市管理和公共服务理念。城市化意味着人口聚居，传统农业社会以家庭、邻里和村舍为主的社会保障体系趋于瓦解，人口的流动性增强，城镇化人口聚居会产生一系列新的社会问题，其中包括住房短缺、人口流动、贫困救济、社会治安、城市环境、公共卫生等。因此必须建立健全现代社会保障和公共服务体系，实现人口社会融合，人与城镇的和谐统一，因为人是经济社会发展的主体，发展的目的是为了人，城镇化实质上是“人”的城镇化。2014 年 3 月发布的《国家新型城镇化规划（2014－2020 年)》明确提出走以人为本、四化同步、优化布局、生态文明、文化传承的中国特色新型城镇化道路，新型城镇化建设奉行的诸多基本原则中，第一条就是以人为本、公平共享。党的十八届三中全会提出要推进以人为核心的新型城镇化，十八届五中全会通过的《中共中央关于制定国民经济和社会发展第十三个五年规划的建议》则进一步强调协调发展的重点是推动城乡协调发展。这些文件和规划，都充分地表明了人民群众才是城镇化建设中的核心力量和最终归宿。

二、城镇化与工业化、信息化、农业现代化同步发展

从欧洲的历史经验看，城镇化进程的最终完成必须依靠以产业升级为基础的

现代经济城市。从根本上说，城市化的动力来源于工业化。城市化是一个地区的人口在城镇和城市相对集中的过程，意味着城镇用地扩展，城市文化、城市生活方式和价值观在农村地域的扩散过程。工业革命对英国城市化产生了巨大的推动作用。工业革命前，英国是一个典型的农业社会，但工业革命彻底改变了这种情况。其次，工业革命推动小城镇迅速发展为大城市。工厂的广泛设立，进一步扩大了生产规模并有力地推动了英国城市化的进程。日本在城镇化进程中既重视推进城市化，又积极促进农业现代化。1956—1973 年处于工业发展黄金时期的日本，在实行工业化过程中，采取工业化和农村城市化同步推进的策略，在亚洲率先实现了农业现代化和农村城市化。工业化、信息化、城镇化、农业现代化既是我国社会主义现代化建设的战略任务，也是加快形成新的经济发展方式、促进我国经济持续健康发展的重要动力。信息化是工业化的产物，反过来又通过与工业化融合，带动工业化发展。城镇化是工业化的产物，工业化创造供给，城镇化创造需求。产业是城镇发展的基础，城镇是制造业和其他非农产业发展的主要场所和载体。城镇化与农业现代化都是农村、农业发展的路径和手段，相互依托，相互促进。根据世界各国的经验，城市化发展的同时，农村、农业也保持了基本同步的发展，农村基础设施条件、农业生产条件等都得到较快的改善和提高。而目前我国的农村和农业发展水平还很低，如果在城市化的发展中不注意城乡统筹发展，则会产生城市与农业、非农产业与农业之间的严重失衡，影响到经济社会的稳定和发展。仅仅依靠城镇化，忽视农业现代化，很难从根本上改变农村的落后面貌，而且容易导致农业萎缩和引发“城市病”。

三、走法治化的城镇化道路

在一个法治国家中，健全的法规体系通常是其经济与社会正常运转的重要保障。从发达国家的历史经验看，只有加强法治建设，将城市化进程纳入法制轨道，鼓励利益相关者积极参与决策和实践，才能确保城镇化进程顺利进行。日、美两国是法治程度较高的国家，与城市化相关的法律众多。例如，日本为促进农村地区引进工商产业而制定的法律有《关于促进地方中心都市地区建设及产业业务设施重新布局的法律》《新事业创造促进法》；促进城市与农村交流方面的法律有《市民农园建设法》《促进建设优美田园住宅的法律》等。美国的《新城市开发法》《农地政策保护法》等法律约束和规范了城市化进程中的各种行为，并保护了各种主体的利益，使城市化得以顺利进行。我国新型城镇化是民主法治的城镇化，推进城镇化建设事关城乡居民的切身利益，是重大的公共政策，要纳入民主法治的轨道。为人民谋福利、办好事的权力也必须受到严格的制约和监督。要以民主法治的方式推进城镇化，以城镇化来提升民主法治水平。所谓法治城镇化，就是将城镇化纳入法治的轨道，以法治思维和法治方式推进城镇化，在城镇化进程中规范和约束公共权力，尊重和保障公民权利，维护和促进社会公平正义与文明进步。法治城镇化是新型城镇化的基本特征和重要内容，也是国家治理现代化的根本要求和重要体现。背离法治的城镇化，既谈不上新型城镇化，也谈不上国家治理现代化。

四、把城市化的一般规律与本国的国情相结合

任何事物都是共性与个性的统一，城市化也是如此。人们既不能否认城市化共性的存在，一味地追求特色，也不能机械、教条地照搬城市化的一般规律，必须在遵循一般规律的基础上，充分考虑本国国情，才能制定出最佳的城市化方略。日本在市场选择的基础上加大政府参与的力度，以及美国在遵循集中化原则的基础上发展中小城市等方略，都是这一成功经验的体现。作为最大的发展中国家，我国突出的特点之一是具有广阔的农村和大规模的农业人口。鉴于我国农村人口基数很大、城镇化与耕地保护矛盾突出，城镇人口就业压力大，资源环境承载力已接近饱和的基本国情，城镇化率的长远目标不一定非要像发达国家一样达到70—80%或更高的水平。集中型、非均衡的发展模式应成为目前我国可选择的城市化的主要模式。目前，我国经济发展水平低，发展不平衡，均衡城市化还不具备条件，应该走集中型的发展道路。东、中、西部地区在城市化模式的选择上应

因地制宜。我国应加快工业产业结构的调整，促进工业的集中，充分发挥市场在结构调整中的作用，提高工业的整体质量，并由此加快城市化的进程。

五、制定和完善有序推进城镇化的政策法规

户籍制度限制了人口的自由流动，对城市化的发展有直接的影响。我国的现实情况是，新中国成立后一直严格实施户籍管理制度。随着户口制度的放松，人为割裂农业与非农业人口的限制将不再存在，对城市化的衡量标准带来改变，这对城市化政策和战略都有重大的影响。另一方面，由于我国城市化的水平还不高，农村人口吸纳能力有限，因此，在放松户口管理时，应当兼顾城市人口的承载能力。土地所有制的性质同样对农村人口和农业劳动力的流动有直接的影响。如果我国农村土地流转制度不能尽快建立，农业生产的规模化经营不可能实现，农业生产率的提高也很困难。国外城市化的经验启发我们，当前中国应制定适时、有效的政策法规来保障城镇化的有序进行。应打破城乡分割的户籍管理结构，逐步取消农业户口、非农户口、城镇户口等，建立以居住地登记户口为基本形式，配合以合法固定住所或稳定职业为户口准迁条件的新型户籍管理制度；建立土地流转和有偿使用、转让制度，促进规模经营；根据农民工在城市的工作、发展情况和生活安置能力等具体条件，逐步建立多层次、多形式的有利于农民成为永久性城市居民的社会保障制度。

六、强化文化传承和生态环境保护

文化与生态是民族发展延续的根基，在新型城镇化中应注重文化传承和生态保护，以避免城市建设中“千城一面”“文化个性失落”“环境污染”等问题。相关研究也表明，从全球范围看，生态环境问题均直接或间接与城镇化有关，我国城镇化发展过程中也会遭遇生态功能退化等问题。发达国家一两百年才出现的环境问题，在我国 30 多年来的快速发展中集中显现，老的环境问题尚未解决，新的环境问题接踵而至。我国环境容量有限，环境承载能力已经达到或接近上限，生

态系统脆弱，污染重、损失大、风险高的生态环境状况还没有根本扭转。新型城镇化进程当中的文化传承和生态保护，已成为我国转型发展时期面临的一个比较突出的问题，能否解决好这个问题是衡量新型城镇化建设的一个重要标准。研究符合未来发展趋势的文化和生态体系，建立新型城镇化发展体系已是当务之急。要加快推进机制创新，把生态文明理念落实到城市规划全过程中，从理念体系、目标体系、技术体系、标准体系和示范体系五个维度构建绿色城市建设理论，重新审视人和自然的关系。在具体实施方面，除了有制度支撑和理论引导，还需要技术、资金等现实条件支持。

第四章　新型城镇化发展模式

城镇化模式与本国的政经体制、经济发展水平及人口、土地以及自然资源等条件密切相关。我国作为发展中大国，中国的新型城镇化既与欧美等发达国家的政府调控下的市场为基础的自由放任式的城镇化模式不同，更与以拉美、非洲等国家为代表的受殖民地经济制约的城镇化模式有着根本性区别，而是有着鲜明的中国特色与时代特色。

第一节　国内城镇化发展模式

一、小城镇发展模式

（一）小城镇定义

关于小城镇的定义，无论是理论工作者，还是实际工作者，往往存在着许多不同的看法。目前学术界关于小城镇的概念有四种比较流行的看法：一是认为小城镇属城市性质，指县级镇和建制镇。二是把小城镇的主体界定为包含县级镇和城关镇的集镇，这些镇大多由传统的集镇发展而来的。因此与集镇并无明显的差异。三是认为小城镇特指设立行政建制的镇，不包含县级镇和集镇。归纳起来，对小城镇概念的理解可以有狭义和广义两种。我国狭义上的小城镇是指除设市以外的建制镇，包括县城。这一概念，较符合《中华人民共和国城市规划法》的法定含义。我国广义上的小城镇，除了狭义概念中所指的县城和建制镇外，还包括了集镇的概念。这一观点强调了小城镇发展的动态性和乡村性，是我国目前小城镇研究领域更为普遍的观点。本书倾向于广义的小城镇概念。

（二）我国发展小城镇的重要意义

1．小城镇成为推动城镇化发展的主要动力

根据陆杰华、韩承明的研究，在全国31个省市区中，有13个是建制镇主导型。建制镇吸纳的流动人口占40%以上。其中建制镇流动人口比重最高的是浙江省，高达74%；其次是广东省和江苏省，该比重分别为65.4%、60.5%，而这三省流动人口合计4300万人，占全国流动人口的29.8%。建制镇主导型和城镇混合型合计20个省市，这20个省市流动人口合计为10869万人，占全国流动人口的75.3%，是中国流动人口的主要分布场所。这些省区中的流动人口大部分都流入了建制镇。小城镇成为中国城市化进程中事实上的主体。

2．小城镇建设是促进农村发展的必然选择

我国是一个农业大国，“三农问题”始终是最大的社会问题。2013年的1号文件指出，要“有序推进农业转移人口市民化，把推进人口城镇化特别是农民工在城镇落户作为城镇化的重要任务……努力实现城镇基本公共服务常住人口全覆盖”。即把从事工业生产的流动人口转为市民。加快小城镇建设，实现小城镇的社会福利待遇与城市均等化，对于引导农民工合理流动和定居具有重要作用。

3．小城镇是解决城市化进程中城市病的最佳选择

目前，我国大城市面临人口拥挤，交通阻塞，住房紧张，大气污染，环境恶化，城市公共设施超负荷运转，城市功能不完善，失业率上升，社会治安不良等等“城市病”的困扰。这些问题的重点还是“人”的问题，即如何使人更好地分流。以前城市主要依靠无限向外扩张的“摊大饼”模式来缓解城市压力，现在观念已有所转变，强调新城规划要“职住平衡、产城融合”，疏散中心城市人口和产业，完善新城基础设施，积极做到让城市居民“就近就业、就近上学、就近就医、就近居住、就近生活”。小城镇具有一定的工业基础，各方面条件相对优越，是承接区域内核心城市人口疏散、建设职住平衡的小城市（卫星城）的最佳选择。

4．小城镇建设可有效解决农村的根本问题

从地理位置来讲，小城镇是农村企业单位的聚集地，改善了以往农村企业单打独斗的局面，从而杜绝了耕地侵占、环境污染等不良现象，使其资源、效益达到最佳的状态。小城镇发展潜力巨大，是发展为小城市乃至中大型城市的前提条件。如上文提到的湛江的麻章小镇，虽然现在只是一个小镇，但是从发展潜力来看，很快就会发展为小型化城市，这也为附近的农村现代化建设提供了宝贵的条件。从农业产业角度来看，麻章小镇的高速发展为农业产业化结构提供了有利条件，小镇发展迅猛，经济、基础设施等方面的优势资源也在吸引着其他的乡镇企业向小镇集中，这同时也提供了大量的工作岗位，为农村的剩余劳动力做出了合理的安排，在这种形势下，农民实现了“农转非”，农村土地、资源得到了合理利用，乡镇企业经营模式、管理方式都会得到有效的提升。另外，农民进城，面对先进的思想理念、管理模式，无形中提升自己，同时又为小城镇发展带来了生机。

（三）国内小城镇发展模式

我国小城镇发展起步较晚，但发展速度快，各地经过多年的探索，在小城镇建设中取得了许多有益的经验，其发展模式大体可归纳为以下九种类型：

1．科技园区型

这类小城镇大多依托大学城、科技园区等建立起来，一所或多所大学带动一座小城镇发展。但大学城也存在下列不足：一是城镇性质和功能比较单一，规模扩张不易；二是受寒暑假等影响，呈现一定的波动性；三是所衍生的相关就业岗位有限，如果大学城与产业园区、城区相隔较远，不利于产城融合发展；四是学校性质对城镇发展也有一定影响，如文科学校可创造的就业机会多为教育培训和咨询服务，工科学校可创造的就业机会更多一些，如技术咨询服务、创意产业、研发和试验基地等，因而发展后劲更足。

2．工业主导型

该类小城镇以工业企业集聚为主导，带动第三产业的发展，对农村剩余劳动

力有较强的吸纳能力，具有一定的经济实力和发展潜力。但由于就业潜力与市场份额密切关联，市场份额下滑或产业转移也将导致就业岗位的相应萎缩。同时，多数企业所造成的环境污染因其对地方财政、税收的贡献较大而受到地方政府的保护，难以得到有效治理。

3. 商贸带动型

用传统、新兴的商品集散地的优势，加上市场技术优势和管理，推动市场远近吸引辐射。有关研究也表明：以中转集散为主的专业性商贸城较易受到周边同类市场的恶性竞争，或因替代性产品的出现，或因主导产品价格的暴跌，因其缺乏产业依托而容易趋于衰败。工贸一体化的综合性商贸城则相对较为稳定，只要注重产品的技术升级，注重产城融合发展，就能维持其长期的竞争能力。

4. 农业经营型

这类小城镇一般以商品性农业为基础，以农业龙头企业为骨干，通过产业化经营实现生产、加工、销售有机结合，形成贸工农一体化的生产经营体系。但易受资源总量约束及自然灾害、产品价格波动影响，城镇规模难以扩大。

5. 交通枢纽型

利用交通便捷、运输量大、信息快、流动人口多的特点，积极发展二、三产业，实行交通促流通，以路兴镇，但也要防止出现沿着骨干公路建城镇，一条大马路，两排卷闸门。这种模式是很糟糕的，其结果是既造成了交通安全的恶化，又破坏了城镇景观，浪费了土地，所以这个问题要解决。

6. 工矿依托型

这类小城镇通常以采矿、矿产品加工及运输等行业为主导产业而发展起来的，但因其速生性而缺乏文化基底，因其产业结构单一性而易受资源价格波动的影响，因其矿产资源的枯竭性而易于导致矿竭城衰。

7. 旅游服务型

利用旅游资源的开发搞好旅游服务，实现山上游、山下住，既保护自然资源，又能够开拓发展第三产业的新路子，形成农民自我建镇、发展旅游产业的良好局面，可谓一举两得。

8. 移民建镇型

要注重新建镇的规划和建筑质量。现在，有些移民镇的房子是当地的乡镇工程队承包的，建筑质量远比农民自建的要差，这就成为重大的经济问题和政治问题，事关农民兄弟的生命安全，必须引起高度重视。特别有的是整体移民建镇、建村，更要注重工程质量和安全，绝对不能搞成豆腐渣工作。

9. 历史文化名镇

历史文化名镇不能等同于一般的旅游镇，因为它的功能部分是重合的。所以，在这些村镇尤其要注意地脉和文脉的延伸，注重这两脉的保护。现在建设部和国家文物局每年都推选一批中国历史文化名镇、名村，以此作为城市化过程中保护不可再生的自然和文化资源、文化遗产，实现可持续发展，落实科学发展观的重要手段。

二、大城市发展模式

（一）大城市定义

大城市是指经济较为发达，人口较为集中的政治、经济、文化中心城市。其中，人口数量是一个重要衡量标准。有人认为，人口在50万以上的城市即为大城市。也有人主张，大城市的人口标准应扩大到100万以上。1989年制定的《中华人民共和国城市规划法》规定，大城市是指市区和近郊区非农业人口50万以上的城市。但是这部规划法已于2008年1月1日废止，而同时实施的《中华人民共和国城乡规划法》没有设定城市规模的条文。2010年出版的《中小城市绿皮书》划定市区人口100—300万的为大城市。2014年11月20日，国务院印发了《关于调整城市规模划分标准的通知》，明确了新的城市规模划分标准，按照新的标准，城区常住人口100至500万，其中300万以上500万以下的城市为Ⅰ型大城市，

100 万以上 300 万以下的城市为Ⅱ型大城市（以上包括本数，以下不包括本数）。可见，大城市的人口数量标准是随城镇化进程的不同阶段而不断调整的。

（二）大城市在城市化进程中的作用

1. 大城市具有经济聚集优势

陆铭教授于 2016 年出版的《大国大城：当代中国的统一、发展与平衡》一书中认为，大城市存在聚集效应，一方面是人口的大规模聚集促进了城市的经济发展、市场的扩大和生产的专业化程度的提高，另一方面大城市因其庞大的人口基数，使得基础设施、社会保障方面的边际成本相比中小城市更低，所以大城市的人均基础设施投入更低，且由于高密度的居住方式，人均能源消耗也更低，在大城市中生活是更经济、环保的生活方式。实践也证明，与中小城市相比，大城市在资金、技术、人才、信息、交通、市场、管理、效率等方面，具有更大的优势，这是大城市经济聚集作用的结果。

2. 大城市具有社会聚集优势

这里所说的大城市的社会聚集优势是指大城市的聚集模式对社会生活的促进作用。表现为：一是大城市相对复杂的社会分工带来充分就业，大城市是人类社会进步的集中表现方式——社会分工深化的集中地，是地域生产力的集中方式，会给更多的人带来就业；二是我国人均耕地缩减与人口增长的矛盾日益突出，中国的人均耕地只有 1.3 亩，低于世界平均线，走大城市发展为主的道路，可大量节约土地资源；三是可产生和发展现代城市生活方式、促进国家整体现代化，大城市的消费方式、居住方式、水和能源供应方式、休闲和娱乐方式、清洁和垃圾处理方式等与中小城市相比，往往更为先进、多样和时尚，同时，创造以大城市为主导的城市化模式，可以形成市场经济运行的社会体系和社会关系。只在形成了典型的、完全意义上的市民社会，才能够创造实现现代化的土壤。

3. 大城市具有领头和辐射作用

城市化进程使人口和财富进一步向大城市集中，大城市（中心城市）与周边地区之间的关系，首先是集聚关系，然后是辐射关系。先把资源集聚到大城市，然后大城市又对周边地区产生辐射效应，帮助这些地区加快发展起来。最后，大城市与周边中小城市形成互相影响、互相依存的良性互动关系。

（三）国内大城市的发展模式

1．单中心集聚发展模式

20 世纪初期，在汽车出现之前，单中心城市曾是主要的城市形态。当前，我国绝大多数大城市仍然沿着单中心集中的方向发展，环境污染、交通拥挤、住房紧张等问题日益严重。由于在单中心城市中，人口和工商业活动高度集中于狭小的建成区内，不可避免地产生了市中心区人口密度过高、工业企业过多、工业区与居住区犬牙交错等现象，既导致城市交通、住房和基础设施拥挤，又产生了一系列的城市环境问题，还带来了特大城市“摊大饼”式的蔓生扩张。

2．多中心城市发展模式

为了克服单中心城市模式存在的问题，近数十年来，许多国家和地区政府及城市规划专家提出了多核心城市区域发展模式，引导大都市区向多中心城市演进，形成了具有与中央核心区互补和竞争的郊区次中心的现代多中心城市网络结构模式。多中心城市结构，或称城市多核心空间结构，它是指在多个不同等级的城市中心主导下，城市人口和经济活动的群簇分布格局。主要的做法是：随着郊区城市化的进展，逐渐将大城市的发展重点放到郊区，在大都市区周围建设若干卫星城镇，作为疏散中心城市人口和产业的后方基地，同时采取多种战略和措施，利用地价、税收、福利等经济杠杆手段，鼓励人口和工业外移，从而大大推进了郊区城市化的步伐。这样，不仅使大城市拥有地域宽广、经济发达、城市化程度较高的现代化郊区，而且推动郊区及城市吸引范围内中小城镇的形成和发展。目前，我国已形成京津冀、长三角、珠三角、长江中游以及成渝五大城市群为中心的城市群经济体多中心格局，它们将成为未来中国最具发展潜力的地区。

3．新城新区发展模式

从国外城市发展历程来看，新城建设主要是为了应对大城市无序蔓延所采取的规划措施。新城早期称为卫星城，是指在大城市辖区内设置的城镇，与中心城有一定距离，在生产、生活等方面与中心城密切相关，又具有一定的独立性。根据西方城市规划相关理论，新城发展先后经历了四个阶段，即第一代卧城卫星城——第二代半独立式卫星城——第三代独立式卫星城——第四代多中心开放式城市的卫星城。后两个阶段的卫星城又称为新城，更强调居民居住、就近就业、商业服务三方面职能活动的综合平衡，注重培育相对独立的综合功能，为现代化大城市系统的内部功能区域，是城市区域开发的节点和城市集聚人口的分流点。我国的新城城区总体上分为 3 类：一类是国家级新区，是由国务院批准设立，承担国家重大发展和改革开放战略任务的综合功能区。自 1992 年浦东新区设立以来，到 2017 年 4 月 1 日设立的雄安新区，全国层面共有 19 个国家级新区。一类是国家层面和省级层面的各种产业政策区域，包括省级以上的高新技术开发区、经济技术开发区、海关特殊监管地区、自主创新示范区、边境经济合作区、自由贸易区等。一类是伴随着城市发展的区域化形成的新开发建设地区，如行政功能搬迁形成的新区、空港与高铁新城、科学城（园区）、旅游度假区等。

三、中小城市发展模式

（一）中小城市定义

这是介于“小城镇”和“大城市”之间的城镇化模式。为了避免“城市病”和“农村病”，依托县城（包括县级市）发展中小城市，把一些条件较好的中等城市扩展成百万人口的大城市，适当保留、改制和建设一些重点小城镇。我国首部中小城市科学发展绿皮书——《中国中小城市发展报告（2010）》中，依据中国城市人口规模现状，提出我国城市的划分标准为：市区常住人口 50 万以下的为小城市，50—100 万的为中等城市，100—300 万的为大城市，300—1000 万的为特大城市，1000 万以上的为巨大型城市。中小城市的发展是我国新型城镇化的重要组成部分，是我国行政区体系中重要的战略节点，是推进工业化、城镇化和农业现代化的重要载体。

（二）中小城市的特殊功能和作用

1. 中小城市的产业发展功能

产业发展功能是城市系统的基本功能，是与外界区域或城市系统相互作用的主要内容，也是城市功能发挥的主要载体。中小城市产业功能与人类的基本经济活动密切相关，主要是指三次产业生产各类产品（物资、金融、服务等） 以满足市场和居民消费需求、提供就业岗位以增加居民收入、推动传统产业重组和升级、研究及推广使用新技术、做大中小城市经济总量，为中小城市的运行提供物质和经济支撑的能力和水平。产业功能是一个城市通过产业结构、支柱产业等体现出来的、满足该城市及相关区域发展需要的能力。

2. 中小城市的中介传导功能

既然中小城市是我国城市体系当中的重要环节，就不能不发挥连接大城市和小城镇的中介功能。这种中介功能应当集中表现为经济、政治、文化、科技的传输，大城市对小城镇和乡村的影响需要中小城市传输，小城镇向大城市提供大量服务和各种产品主要依靠中小城市传输。中小城市的中介作用不但表现为大城市和小城镇通过中小城市的直接传输、对接，而且，还表现为中小城市作为“蓄水池”“加工厂”的作用。比如大城市的信息、文化不一定直接被小城镇或乡村接受，而是经过中小城市的储存、加工之后再传递给小城镇和乡村。

中小城市的发展，架起了经济中心与广大农村之间的桥梁，使大城市的经济辐射可能通过中小城市传导功能影响广大农村。中小城市的传导功能具有双向性，一方面是大城市的先进技术、生产资料、资金以及工业制成品，通过中小城市向外扩散，带动整个区域经济发展；另一方面，各地的资源也通过中小城市向大城市流动。这样的传导功能，使中小城市在区域经济发展中充当“二传手”的角色。

3. 中小城市的公共服务功能

公共服务是社会存在和可持续发展的重要基础。城市公共服务作为政府承担的一种非竞争性和非排他性的社会服务，是以一定的信息、技术或劳务等服务形式表现出来的一种公共产品，用以满足城市居民生产、生活需要，为城市全面发展提供基础和保障。公共服务既具“非排他性”“非竞争性”，又具有“公共性”，以合作为基础，突出强调的是政府的服务性和公民的权利。

4. 中小城市的吸纳分流功能

我国现阶段的社会经济结构决定了产业结构、技术结构和资源结构的多层次性。这种状况也反映产业在空间布局上具有多层次性，并决定大中小城市各自对产业有不同选择的可能性。中小城市在某一地域内与大城市有所分工，形成各有特色的产业结构。中小城市的吸纳分流功能，集中表现在对大量农村剩余劳动力的吸纳，分担城市化进程中人口转移对大城市的压力。中小城市从注重发展劳动密集型产业起步，这也是由我国现阶段劳动力资源丰富而资金短缺的矛盾所决定的。与大城市相比，众多的中小城市能够为农村剩余劳动力转移提供更多就业岗位。

5. 中小城市的示范功能

在市场机制的强烈作用，以专业化协作为技术经济内涵的生产要素的聚集，势必促进人口、产业在一定地域聚合，同时也刺激商贸活动发展，以及交通、通讯和各项公用设施的建设。中小城市虽然在城市体系中有着重要地位，但不可否认其要素聚集程度比大城市低，产业规模相对较小，基础设施也不那么完备，从而在一定地域内处于次一级经济中心地位。可是，中小城市更接近广大农村，可能通过以科学技术应用为基础的工业文明，以市场为中心的各项经济活动，以及讲求效率的各种公用设施，发挥它的示范功能，直接向农村展示城市文明，并通过中小城市发展新的城乡关系，促进乡村城市化。

（三）我国中小城市的发展模式

1. 卫星城模式

未来城镇化的特点之一是通过大城市或特大城市为核心形成城市群或城市

带，以此拉动一个区域的经济和社会发展。靠近大城市的中小城市，应当明确自己的功能定位。以发展卫星城为目标，着力在与大城市的经济交往中发展自己，形成大城市的卫星城。我国有大城市、特大城市、超大城市近百座，如果平均每个城市有卫星城市 5 座，就可以发展 500 个左右的中小城市卫星城。因此，构造卫星城发展模式是中小城市发展的重要目标。

2．综合性区域中心模式

这种模式有两种含义。一是一般意义，指所有的中小城市除了是大城市的卫星城之外，它自身都是一定区域的经济、政治、文化中心。从这种意义上讲，中小城市具备结合功能的作用，因为它有责任拉动周边区域经济社会发展。事实上，大多数中小城市就是这种发展模式。正是具有普遍性，这种模式也就失去了“模式”的意义。二是特指地域广阔、人口稀少、经济欠发达、大城市缺乏的西部地区中小城市，特别是中等城市。西部地区大城市、特大城市少，贵州、云南、西藏、陕西、甘肃、青海、宁夏、新疆等 8 个省区只有 6 个大城市和特大城市，其中，西藏、宁夏没有大城市和特大城市。一些地区规模最大的城市就是中等城市。这里的中等城市就具备了大城市的功能，在区域地理上首先表现为区域经济中心。由于这种特定的条件，中等城市发展的模式必然是综合性区域中心模式。

3．交通枢纽模式

这种模式主要因地处交通枢纽位置而发展。这类城市的产业类型主要是运输业、商业和其他服务业。京广、京沪、陇海铁路线上的许多中小城市属于这种类型。

4．工矿模式

这种模式主要依托于矿山资源，通过矿山资源的开采、运输和加工发展而成。这种模式形成初期，产业种类比较单一，但由于有资源优势，发展速度往往十分迅速。这种模式的最大不足是产业种类单一，主要以采矿业为主，随着矿山资源的枯竭，城市发展速度减缓，有些出现了衰落。因此，这种模式必须充分利用资源优势，进行原始积累，及时调整产业结构，有效地实现产业升级换代，保证城市的持续发展。

5．旅游经济模式

一些自然风景区和历史文化遗产集中区，大都依托旅游资源发展旅游产业，逐步形成了以旅游产业为主体产业的城市经济体系。由于自然风景区多处于大山深处，产业开发受到一定限制，对城市发展的推动力略显不足。近几年情况有些好转，地方政府加大了资金投入，并引入市场机制吸引民间投资和外商投资，推动了旅游区城市经济的发展。形成明显旅游经济模式的城市多是历史文化遗产聚集区，如河北的承德、甘肃的敦煌、河南的洛阳等城市，或者是滨海旅游区，如河北的秦皇岛、北戴河，山东的青岛、烟台、威海等城市。旅游城市以旅游经济为特色，往往其他产业也比较发达，沿海旅游城市同时还是外向型城市。

6．外向型经济模式

我国东部沿海，特别是东南沿海地区，改革开放之后引进外资，发展外向型经济，逐步形成了一批著名的外向型经济城市。这类城市的建设资金主要来源于国外和我国的港澳台，产品大量出口，管理模式与国际的接轨程度明显大于其他城市。许多沿海城市提出了发展外向型经济的目标，由于各种条件的限制，只是提高了经济的外向度，距离成为外向型经济模式还有相当的差距。

7．边贸型经济模式

随着我国内陆地区的开放，东北、西北、西南临近外国的边贸口岸逐步发展起来，形成了不少边贸型口岸城市。这些城市发展起步较晚，规模一船不大，主要依靠口岸位置发展易货贸易和服务业逐步壮大，有些边负型城市近几年还发展了旅游项目，优化了产业结构，增强了城市发展的后劲。

8．科技城模式

这种模式在我国还不多，但已经出现了形成这种模式的趋势。

第二节　新型城镇化发展模式的典型范例

一、苏南模式

苏南模式是我国小城镇发展中最早涌现出来的负有盛名的一种模式。苏南地区已经涌现出了一大批具有一定经济实力的小城镇，这些小城镇与几个大中城市一起推动了苏南地区城镇化进程，正在把苏南地区逐步推向现代化。

（一）苏南模式的基本内涵

苏南模式是指苏南地区小城镇发展模式，不是指著名的苏南经济发展模式。苏南小城镇发展模式是指苏南小城镇在发展过程中逐步形成的具有一定特点的发展形式。苏南小城镇发展模式是苏南地区众多小城镇共同表现出来的某些特征。

苏南包括苏、锡、常三个地区，17500 平方公里，有苏州、无锡、常州三个中心城市，9 个县级市所在地的小城市，334 个建制图，82 个乡镇，城市密度为每 149 平方公里、每 112 万人口拥有一个城市，平均每 42 平方公里、每 3 万人口拥有一个小城镇。

苏南是我国城镇密度较高的地区。我们所探讨的苏南小城镇发展模式就是指 9 个县级市和 334 个建制镇所表现出的共同特征。

（二）苏南模式的特征

一是苏南模式起源于苏南经济发展模式，与苏南的乡镇企业发展密切相关。苏南经济发展模式是苏南在改革开放之后，通过发展乡镇企业实现非农化和区域经济发展的一种模式，其主要特征是农民依靠自己的力量发展乡镇企业，乡镇企业的所有制结构以集体经济为主，乡镇政府主导乡镇企业的发展。苏南小城镇的发展依托于苏南乡镇企业的发展，其内容、结构、制度、管理等深受苏南经济发展模式的影响。

二是苏南模式在形成和发展过程中突出表现为政府组织资源的特征。苏南各市县政府在推动乡镇企业发展的同时，启动了小城镇的发展，并在组织资源方面发挥了自己的政治优势。

三是苏南模式表现为苏南地区城镇发展的同质性，苏南模式的功能特征是苏南小城镇的群体体现的，不是某一个小城镇的特征。

四是苏南模式主要表现为企业拉动型小城镇占主体地位，同时，一批综合性小城镇在工业型的基础上发展起来。

（三）苏南模式存在的问题

苏南模式有效地推动了当地经济社会的发展，初步建立了比较完善的城镇体系，正在把苏南逐步推向现代化。但苏南模式同样存在着一些问题，主要表现在以下方面。

1. 小城镇建设缺乏区域系统的科学合理规划

小城镇密度过高、规模过小、等级层次不突出、重复建设严重、结构单一等就是缺乏规划的结果。

2. 聚集程度不够高

人口聚集度偏低，据统计，苏南地区平均每个建制镇（不含县城镇）的常住人口仅为5200人。

3. 可持续发展矛盾突出

苏南小城镇人均用地过多，目前人均用地已接近200平方米，明显高于国家规定的标准。工业污染和生活污染比较严重，影响了环境质量。

（四）苏南模式的改革方向

苏南模式是我国小城镇发展过程中出现的一种模式，其存在的问题在其他地区都或多或少地存在。从改革的角度看，苏南模式应当在下列方面有所创新：

一是通过企业制度的创新，增加乡镇企业的科技含量，逐步把小城镇培育成以工业为基础的具有综合功能的小城镇。

二是合并一些小城镇，通过减少小城镇数量，增加小城镇的人口聚集度，把一些有条件的小城镇发展成小城市。

三是从可持续发展的角度，加强对小城镇的综合治理，实现资源的合理利用和环境的逐步美化。四是在重视经济发展的同时，关注社会发展，使“以人为本”的思想得到较好的贯彻。

二、温州模式

温州模式是我国小城镇建设中出现的一个重要发展模式。温州模式的形成与温州经济发展模式密切相关，温州经济的发展加快了温州城镇化进程，其呈现出的特点也明显地带有了温州经济的特征。

（一）温州模式的基本内涵

温州模式是指温州地区小城镇发展过程中表现出的一种带有“温州特点”的发展类型。温州市地处我国东南沿海经济密集区相对外开放的前沿位置，是浙江省三大城市之一，是浙江省南部经济、政治、文化、交通中心，总面积 11784 平方公里，下设 3 个区，8 个县（市）。温州共有建制镇 146 个，乡 120 个，人口 700 万。温州是我国小城镇最发达的地区之一，拥有联合国命名的可持续发展小城镇 2 个，国家级综合改革试点镇 3 个，省市政府建设示范镇 16 个。

改革开放以来，温州小城镇经历了三个发展阶段：20 世纪 80 年代为第一发展阶段，是小城镇初创阶段，这一阶段表现为小城镇数量的急剧增加；90 年代初期和中期是温州小城镇发展的第二阶段，是小城镇加速发展阶段，这一阶段表现为一批综合实力强、发展特别快的经济强镇开始出现；90 年代后期进入第三阶段，是小城镇转变阶段。这一阶段小城镇的功能得到加强，人口和城建均达到了一定规模，部分小城镇开始向小城市过渡。

（二）温州模式的特征

1．温州模式的形成深受温州经济发展模式的影响

温州经济发展模式是以家庭工业和专业化市场为基础的，“小商品、大市场”是温州模式的主要特点。温州小城镇在产生与发展过程中，遵循市场经济原则，走出了一条市场化—工业化—城镇化—现代化的发展路子。

2．温州模式在发展过程中主要依靠市场机制配置资源

温州集体资源缺乏，政府加强宏观调控和政策引导，通过市场机制作用，主要依靠民间投资进行小城镇建设。

3．温州小城镇具有明显的开放性

建设资金、市场信息、销售渠道、生产技术等都是开放性的。温州人外出打工的多，温州人外出经商的多，温州的起步主要依靠的是专业市场，这些行为方式使温州小城镇建设具有了开放性。

（三）温州模式存在的问题

从整体上来看，温州市城镇化发展水平较高，无论是在浙江地区还是在全国范围内，其城镇化水平均表现得较为突出。但是，随着温州市经济发展水平的快速提升，新型城镇发展逐渐出现了一些问题需要引起重视。

1．区域间发展不均衡

温州市特色小城镇建设刚刚起步，而且其是建立在城镇原有特色资源、特色产业的基础上的，这就导致温州市特色小城镇建设在区域间出现了明显的不均衡现象。从相关统计数据来看，龙湾区、鹿城区、瑞安市、乐清市等地区的经济发展水平较高，相应的该地区的新型城镇化建设水平也相对较高，特色小城镇建设的起步较快，资金支持力度较大。除此之外，在具有特色资源或特色产业的地区，

特色小城镇建设的水平较高。在传统经济发展水平不高的地区，其新型城镇化水平相对而言较为滞后，而且在没有显著特色资源或特色产业的地区，特色小城镇建设更无从谈起。

2．公共服务滞后

公共服务方面的差距主要表现在：保障住房工作刚起步，急需系统性完善，教育资源较为匮乏，与县城以及市区的教育对比上存在较大的差异，这使得教育资源供给不足以及配套落后而导致小城镇以及附近农村居民子女处于不公平的受教育环境；特色小城镇的卫生资源相对紧张，医疗设施、医疗队伍配置不合理。

3．资源环境发展压力大

从温州市国土资源部门、温州市经济和信息化委员会等部门的相关统计数据来看，温州市具有丰富的特色资源和特色产业，比如文成的天然森林资源、永嘉的教育玩具特色产业、泰顺特色氡泉资源、永嘉泵阀产业资源、洞头特色旅游资源等。但是从温州市整体来看，其资源约束问题并未解决，一方面特色资源、特色产业的人均占有量较小，而且这些特色资源、特色产业的范围较小，仅能够使单个城镇借助其优势发展，无法形成特色小城镇集群效应；另一方面，部分特色资源的开发难度过大，在短期来看其投资回报比较低，这也导致这些特色资源的开发意愿较低，投资吸引力较弱。

4．面临外部环境变化和内部内生性制约因素带来的双重压力

城镇化长期滞后和“串珠式”发展格局导致的空间格局不合理，已经给温州模式在新经济环境下带来了一系列不协调问题。一直以来，产业结构与空间结构演进关系趋于协调，却没有形成有效的协调机制，使得温州模式发展面临着外部环境变化和内部内生性制约因素带来的双重压力。一些原本就普遍存在的体制性束缚没有完全打破，再加上产业集群和中小城镇发展在空间上的“串珠式”推进，较大程度上制约了中心城镇规模和功能的拓展，反过来又影响了生产要素和产业

向大中城市的集聚，一定程度上限制了集群和城镇向更高阶段演进。长期以来，温州模式旧格局下的农村工业化与城镇化没有建立良好的互动机制，产业结构与空间结构演进发展不能有效协同，使得温州模式发展陷入困境。

（四）温州模式的改革方向

一是需要建立一个农村工业化与城镇化互动发展的机制，在产业结构与空间结构之间寻找一个合理的空间格局，以促进两者的协同发展。

二是加强农村工业化与城镇化的良性互动，通过制度改革和创新，建立健全保障性体制，同时建立有效的协调发展机制，形成温州模式在新经济环境下发展的良好外部环境。在此基础上，通过继续推进产业结构升级和工业园区化发展，突破“串珠式”发展格局，引导产业集聚和空间集聚在空间上保持有效的协同，实现产业结构与空间结构协同演进下温州模式的可持续发展。

三是促进城乡统筹，注重内涵与特色发展。首先，优化调整温州市各小城镇现有的产业布局，增强小城镇产业支撑能力，一方面需要在小城镇核心资源与产业要素的基础上合理配置，使其形成特色鲜明、相互协调的区域特色产业格局；另一方面是在原有特色产业的基础上大力发展园区经济，注重特色产业集聚，打造集约型优势主导产业发展模式。其次，加快小城镇特色产业升级和转型，向能够提升小城镇总体竞争力的方向改造，并同时向城市关联产业靠拢，进而形成城乡产业结合互动格局。再次，从扩大内需层面发展各小城镇的特色产业，体现各城镇之间的优势互补，以小城镇为基本单元打造特色产业集群区域。

三、珠江模式

珠江模式是人们对广东省珠江流域中以广州、深圳等为中心的14个市县，自改革开放以来，珠江三角洲地区小城镇发展过程的概括和总结。珠江三角洲是我国改革开放“先行一步”的地区，其城镇化过程不仅是改革开放以后中国城镇化的缩影，更是代表了中国城镇化的发展趋势。

（一）珠江模式的基本内涵

早在 1994 年，广东省首次在其政府报告中提及珠江三角洲，从此形成珠三角的概念。它是指已逐渐入海口周边的几个地级市包括广州、深圳、佛山、珠海、东莞、中山、江门及惠州肇庆九个城市。珠三角面积约 5.6 万平方公里，珠三角地区的发达城镇，主要分布在环珠江口的区域，以东莞、中山、佛山三市最多。

珠三角地区位于珠江入海口处，毗邻港澳，与东南亚地区隔海相望，拥有良好的水运条件，公路方面数十条国道连接珠三角区域内的城镇，同样也是中国对外开放的最前沿，是我国城市化程度最高、城镇分布最密集、经济发展水平最高的地区。珠三角 9 个城市面积占全国总用地的 1.8%，户籍人口占全国人口的 7%，2012 年创造了占全国 11.3%的国内生产总值，城镇化率已经达到 83.34%。

（二）珠江模式的特征

1．主体的多元化

在 20 世纪 90 年代，珠三角的城镇化模式日益多样化，按照不同的路径和主体可以分为四种城镇化模式，即以东莞为代表的“外向型的经济发展”模式，以顺德为代表的“公有制经济为主、工业为主和大型骨干企业为主”的发展模式，以中山为代表的 “以混合经济为基础，推进乡镇企业和外资共同发展”的模式和以南海为代表的“三大产业齐发展，六个轮子一起转”的发展模式。而以经济开发区、高科技开发区为主体的经济发展模式成为“自上而下”城镇化的代表。

2．城镇连绵区初步形成

珠三角地区目前已经形成了深圳—东莞—广州—佛山的城镇连绵区，各城市的市区与“郊区”小城镇工业用地和居住用地连绵成片，相互之间不存在明显的自然界限。珠三角的城镇群已成为全省经济社会发展的“排头兵”，区域协调发展机制逐步建立，整体竞争力不断提升，是亚太地区重要的城镇群之一。

3．以小城镇和小城市为主导的城市化

外资在广东，尤其是珠三角显示出以小城市、小城镇为主导的城市化发展趋

势，以农村剩余劳动力大规模迁向小城市为主要特征。在小城镇，甚至农村地区兴建外资企业，不仅吸收了当地农村剩余劳动力，而且为大量来自区外、省外的劳动力创造了就业机会。外资涌入促进了农村地区的工业化，使农村景观迅速向城市景观转变，加速了城市化的进程。

4. 专业化特色明显，发展模式多元化

珠三角的小城镇在市场经济下，一批区位好、有自然和人文基础优越的小城镇迅速发展起来，形成了鲜明的地域专业分工和产业集聚优势。不论是经济实力还是社会影响，这些城镇都已经跻身全国经济实力强镇、产业特色镇的行列。这些城镇的分布呈现出特有的集群空间布局形式，有些是相邻镇共同组成的产业集群，发展同类的制造业；有些镇参与多个产业集群，具有很强的活力。

5. 功能和集聚能力增强，人居环境明显改善

近年来，珠三角经济区小城镇建设的力度不断加大，小城镇的各项基础设施和公共服务设施配套完善，中小学、医院、敬老院、幼儿园、影剧院、体育馆和宾馆等都有很大发展，综合功能日趋健全，初步满足了居民的需求，提高了居民的生活质量。

（三）珠江模式存在的问题

产业升级尚未完成，而原有低成本的区位优势又在变化，珠江三角洲城镇化模式面临转型的压力。影响其转型的主要原因包括：

1. 劳动力流动性较高，素质分化明显

珠三角是人口和劳动力最集中的流入地区，人口的流动性对小城镇的发展产生了重要影响，进而影响到城市化水平的提高。大量流动人口和劳动力形成了社会二元结构，人员变动日趋频繁化、复杂化，既聚集了庞大的高收入人群，也聚集了庞大的低收入务工群，同时本地人口与外来人口的“本外二元”结构矛盾更突出。特别是不少小城镇，外来人口是户籍人口的几倍甚至几十倍，而他们的基

本要求却未纳入城镇建设范畴，导致他们缺乏对城镇的认同感和责任感，成为社会不稳定的因素。

2．有些小城镇出现“小马拉大车”的现象，户籍管理制度改革滞后

一些特大城镇如东莞的虎门镇、中山的小榄镇等虽已发展到城市的规模，但仍然沿用原有的建制镇管理模式，在一定程度上制约了城市化水平的提高。一些城镇用于建设厂房和村民住宅的非农建设用地迅速增加，造成耕地面积不断减少。非农建设用地快速增长，加之规划严重滞后，导致城镇建设沿路蔓延现象非常普遍。城市化的“质”与“量”反差较大，主要原因是在农村城市化过程中外来人口比重过高，制约了城镇的消费水平和公共设施投入的资金来源，造成城镇建设水平总体滞后。

3．规划滞后于经济社会发展

近年来，珠三角小城镇的规划工作得到了政府的高度重视，大多数城镇都进行了总体规划，还有一些中心城镇在重点地区开展了控制性详细的规划编制，但总体上规划滞后于发展的问题仍然比较突出。珠三角小城镇建设用地迅速扩张，再加上城镇规划编制质量参差不齐，有些规划为了追求“多快好省”，对当地的经济特征等缺乏研究，导致许多城镇规划主观性强、可操作性差，与实际的建设发展脱节。

4．小城镇公共服务设施和环境基础设施建设滞后

大多数城镇的公共服务设施与环境基础设施建设仍然以财政拨款为主要资金来源，市场化相对滞后，整体上存在基础设施建设滞后于发展水平的问题。一部分小城镇供水设施简陋，自来水水质不达标，人均公共绿地指标低，管道燃气和公共交通尚处于起步阶段，没有污水处理场，水体污染严重。

（四）珠江模式的改革方向

一是寻求新的城镇化发展之路，完成向建立支柱产业系统，提高劳动者素质，依靠科技进步而发展的战略性转变。

二是在优化产业结构的基础上，提高各行各业的技术层次，走向依靠技术促进发展的道路。同时形成行业之间的合理分工与协作体系，对于专业小城镇的优势产业拥有一定的知名度，要充分利用产品品牌，走产品品牌——产业品牌——城镇品牌的发展之路。

三是要把控城镇化的进程，对城镇化进程进行规划，充分利用工业化带来的生机，提升城镇化，同时良好的城镇化也能促进工业化的进程，形成工业与城镇良好发展、同步发展的态势。对于城镇直接进行合伙与合作，形成城镇内部与外部布局合理、基础设施完善的现代化小城镇群。

四是要重视环境保护，因为环境的破坏是一种不可逆行为，为了发展而破坏环境却是一种得不偿失的方式。

第三节　新型城镇化发展模式创新的思考

一、我国城镇化发展模式选择的影响因素

（一）广大农民对城市文明追求

城镇化的实质是农村人口转移到城市的过程，也是农民追求和要求分享城市文明的过程。城镇化发展与农民利益息息相关，推进新型城镇化必须充分尊重农民意愿，对其是否愿意进城、想进哪类城市、为什么要进城、影响进城的主要因素等进行深入分析。

（二）我国人口众多，耕地极为稀缺

有不少人认为，我国人口众多，城镇化只能走小城镇发展模式，也就是走人口分散居住的道路。但人口集中居住模式通常有利于保护生态环境，出现的生态环境问题更便于治理和管理，成本也会低一些，纵观世界上一些人口众多的国家，

大多走的是人口集中居住的道路，而且效果也较好。人口集中居住，还有利于人口数量控制和人口质量的提高，也有利于第三产业的发展。此外，人口集中居住，有利于加快城镇化进程，有利于市场经济资源合理配置，有利于经济的快速发展和可持续发展。

联合国制订的人均耕地警戒线为 0.8 亩。然而在我国 2000 多个县市中，有超过 1/3 的县市人均耕地不足 0.8 亩，其中近 500 个县市人均耕地不足 0.5 亩。因此，我国城镇化模式的选择，应考虑如何减少、节约居民居住用地和工矿、交通用地。

（三）我国农村人口迁移成本

由于我国长期控制农村人口迁移到城市，形成了以户籍制度为核心的整套制度和政策，这就加大了农村人口的迁移成本。时至今日，这一政策仍未根本改变，所以，我们在选择城镇化发展模式时，必须要考虑降低迁移成本，便于农村人口迁入城市。

（四）城市经济规模净收益

城市规模过小或特大，都会造成城市经济规模净收益偏低，甚至为负数。有关研究结果表明：城市经济规模收益随城市规模扩大而增加。而我国城市规模偏小，带来一系列的后果。如城市规模净收益流失；城市建设外部成本增加；乡镇企业分散；污染严重而无力治理；低水平的重复建设，产业结构趋同；第三产业发展滞后；耕地锐减，城市地租收益损失，房地产业停滞不前；小城镇建设加重农民负担；农村剩余劳动力转移受阻，农村人口迁移成本增加；先富裕的农民难于在大城市投资，城市难于启动民间资本的聚集作用。

二、创新我国新型城镇化发展模式的实现路径

（一）改革和创新户籍制度

改革户籍制度的最终目标，应是最大限度地减少户籍的作用，使之仅作为人

L2 出生登记管理的手段，而不具备其他任何功能。在加快城镇化的进程中，户籍制度的进一步改革，应考虑如下几个方面：

转变政府主导资源配置活动的计划经济体制遗留下来的旧观念。在中央和地方的各项已实施政策措施中，尽可能地消除客观上会起到强化户籍制度的那些政策措施。

在相关的制度改革中有意识地淡化户籍的重要性。在就业方面，在实行劳动合同制的条件下，是否有户籍就多此一举。但很多地方出于保护本地户籍居民的利益，在招聘时依旧附加户口条件。在就学招生方面，高等教育招生中偏向于本地户口居民的做法，在某些大城市依旧公然存在；在基础教育方面，招生似乎无例外地都采取按照户籍所在地分块进行。这些，在就业制度和就学制度改革中都还没有被触及，它客观上起着强化户籍重要性之作用。在今后的相关制度改革中应妥善地加以避免，否则将会影响到城镇化进程。

在维持农村土地集体所有权制度的前提下，实行承包土地有偿转让制度。取消限制农村人口迁移城镇的各种苛刻限制条件。这些限制条件在各地各有不同，其中常见的如住房条件、受教育程度、直系亲属等。其实，这些限制条件原本是与户籍制度毫不相干的，都是人为地附加到户籍制度上去的，而它们却实实在在地影响到城镇化进程，所以需要取消。

户籍制度改革要逐步实现公民享有迁移自由和居住自由。随着市场经济发展的需要，原有严格限制迁移的做法必须有所松动。今后户籍改革的核心内容是要解决人口的迁移问题，通过政策调整，最终在我国实现公民的迁移自由居住自由。

（二）改革和创新土地制度

明晰产权关系。明晰产权关系是中国农业扩大再生产和农民实现土地规模经济效益的保障，也是农村城镇化得以实现的理论基础。解决农村土地制度方式有三种：上地私有制、国有制、现行的集体所有制。从中国现实情况来看，农村土地实行部分私有也具有可行性。农业土地归农民所有，可以首先以 2.4 亿个农户的宅基地为突破口。然后，继承现有的承包地格局，先在分包土地时土地平均、地块零散、个体经济效果明显的地方做，逐步实现农业耕地农民所有。农民对土地的所有，并不意味着国家或政府对土地管理的无能为力或无所作为。国家应为农村土地制度的理提供基本准则、方向和根本保障，并依法进行土地管理。

建立土地使用权商品化的价值评价制度。建立土地使用权商品化的价值评价制度，主要适宜在不同用途土地转换上，以促进土地流转。为此，建立健全地籍调查、土地信息和合同管理等动态管理制度，建立包括基准地价、标定地价为基础的土地价格体系，进行规范而科学的土地评等定价、资产评估，为农地流转创造条件。

建立农村多层次的社会保障制度。社会保障体系的完善是土地产权制度改革的基本前提。只有把土地的经济功能和社会保障功能剥离开，才能推动土地资源的市场化配置，从而促进农村城市化。

加快土地流转的制度创新步伐。在土地功能置换中，加强土地总体规划和土地利用计划，发掘农村小城镇中土地存量优势和实现存量土地功能置换。对于目前农村存在的土地“抛荒”问题，应通过土地产权制度的调整来解决：首先，对于长期无人耕种的荒山、荒坡、荒滩、荒沟拍卖给个人，实现所有权的永久化；其次，收回因农民进城务工而致长期撂荒的土地，公开拍卖；最后，对于农民承包的土地，可将口粮田从其中剥离，允许农民将这部分土地进行合理流转。

（三）改革和创新就业制度

建立城乡平等的就业准入机制。这是城乡平等就业制度的前提。要确立城乡劳动者在劳动力市场的同等地位，实现劳动力的自由流动和平等竞争。降低农村劳动力进城就业的门槛，彻底取消农村劳动力进城就业的限制性政策，应一视同仁地制订农村劳动力进城就业的政策规定，实行城乡统一的就业登记制度，建立城乡统筹的用工管理制度，保障城乡劳动者的平等地位和合法权益。

建立城乡平等的就业投入机制。这是城乡平等就业制度的保障。一是要按照届地原则，制定城乡统筹就业的发展规划，将城乡劳动力就业纳入国民经济和社会发展规划，在项目、资金、投入上一视同仁。二是建立进城务工就业农民子女接受义务教育的经费筹措保障机制。农民工输入地政府要在城市教育附加费中安排一部分经费，用于进城务工就业农民子女教育工作，以解除务工农民的后顾之忧。三是统筹城乡产业发展，大力促进农村二、三产业的发展，以促进农村劳动力转移就业。

建立城乡平等的就业培训机制。这是城乡平等就业制度的重要环节。一是将农村职业技能教育纳入国家总体教育规划。二是将农村劳动力的培训纳入各级公共财政的支持范围，建立“政府主导、多方筹集”的投入机制。三是农村劳动力在用工单位享受平等的培训权利。用人单位对本单位招收录用的农村务工劳动者负有培训职责。

建立城乡平等的劳动保障机制。这是城乡平等就业制度的基础。一是确立同工同酬制度。用工单位对城市居民和农民工在工资报酬上应一视同仁，并确保农村劳动力按时足额领取劳动报酬。二是建立统一的劳动保障制度。用工单位对城市居民和农民工在签订劳动合同时，应用相同的合同文本，适用相同的合同条文，在用工时间、应得报酬、工伤保险、医疗保险、养老保险等方面不能对农民工采取歧视性政策。三是改善农村劳动力的工作生活条件。用人单位要加大投入，确保农村劳动力的工作环境要符合国家安全生产、职业卫生和环境保护的规定，彻底改变农村劳动力工作条件恶劣、安全得不到保障的状况。

建立城乡平等的就业管理机制。这是城乡平等就业制度的关键。应逐渐改变重视城市就业和再就业、轻视农村转移就业的局面，逐渐建立起城乡平等的就业管理机制。进一步规范劳动力市场管理和服务，建立统一的劳动力市场服务流程，对用人单位的招聘行为和城乡劳动者就业、失业状况进行规范化管理，逐步建立城乡统一开放、竞争有序的劳动力市场体系，充分发挥市场配置劳动力资源的基础性功能和作用，促进劳动力的合理流动。

（四）改革与创新社会保障制度

首先，应主张积极的社会保障理念。就业是民生之本，优先扶持弱势群体的就业能力，提高就业质量，稳定劳动关系，保护劳动者劳动权益，从经济根源上缓解贫困对社会保障造成的压力；尤其是进城农民工、失地农民以及城镇中由于各种原因造成的就业困难人群，应对他们进行积极引导，建立适应市场需求的培训机制，提供多种就业渠道和优惠政策。

其次，应加大对城乡贫困群体的社会救助力度。对于不具备缴费能力无法被各项社会保险覆盖的城乡贫困群体，应利用建立城乡低保制度、医疗救助、开展扶贫工作等多种形式进行救助，以缩小社会成员之间的各种差距，提高社会的稳定性。

其三，社会保险项目的推进应先城市、后农村。农村先在经济较发达区域和中心城市辐射区开始试运行，按照逐步推开的步骤有序运行。农村的社会保障制度应从最低生活救济，新型合作医疗和九年义务教育入手，逐步向养老等其他项目扩展。

其四，当前应重点解决广大农民工尤其是失地农民的社会保障问题。这两个问题是伴随着城镇化、工业化进程出现的新问题，也是统筹城乡发展进程中急需解决的问题。要着重解决这部分人群的就业、大病医疗、工伤问题，然后再逐步推进到养老、生育等其他项目。农民工的流动性要求我们必须做好针对这些人群的保障制度与城镇社会保障制度以及农村保障制度的衔接，实现整体统筹。

第五章 地区经济增长、金融发展与城镇化水平

区域的城镇化进程与经济增长、金融发展在要素层面有千丝万缕的关系，城镇化的健康发展离不开与经济增长、金融发展之间的良性互动。

第一节 经济增长理论概述

一、经济增长的定义

在经济学界，对经济增长的理解并不完全一致。美国经济学家西蒙·库兹涅茨曾给经济增长下了这样一个定义：“一个国家的经济增长，可以定义为给居民提供种类日益繁多的经济产品的能力长期上升，这种不断提升的能力是建立在先进技术以及所需要的制度和思想意识的调整基础之上的。”

这个定义包含了三层含义：

第一，经济增长集中表现在经济实力的增长上，而这种经济实力的增长就是商品和劳务总量的增加，即国民生产总值的增加。如果考虑到人口的增加和价格的变动，也可以说是人均实际国民生产总值的增加。所以，经济增长最简单的定义就是国民生产总值的增加。

第二，技术进步是实现经济增长的必要条件。也就是说，只有依靠技术进步，经济增长才是可能的。在影响经济增长的各种因素之中，技术进步是第一位的。一部经济增长的历史就是一部技术进步的历史

第三，经济增长的充分条件是制度与意识的相应调整。也就是说，只有社会制度与意识形态适合于经济增长的需要，技术进步才能发挥作用，经济增长才是

可能的。社会制度与意识形态的某种变革是经济增长的前提。

综合来说，这个定义是对各国经济增长历史经验的高度概括，体现了经济增长的实质。因此，这一定义已被经济学家广泛接受，并作为研究经济增长问题的出发点。

二、经济增长的基本特征

从上述定义出发，库兹涅茨总结出了经济增长的六个基本特征：

第一，按人口计算的产量的高增长率和人口的高增长率。

第二，生产率本身的提高也是迅速的。这包括所有投入生产要素的产出率是高的，例如，劳动生产率和其他要素生产率的迅速提高。

第三，经济结构的变革速度是比较快的。

第四，社会结构与意识形态的迅速改变。例如，城市化以及教育与宗教的分离既是整个社会现代化的一个组成部分，也是经济增长的必然结果。

第五，经济增长在世界范围内迅速扩大。这就是发达国家凭借其技术力量，尤其是运输和通信，通过和平或战争的形式向世界其他地方延伸，使世界都卷入其增长之内，成为一个统一体。

第六，世界经济增长的情况是不平衡的。目前来看，还有占世界人口 3/4 的国家是落后的，有些国家的经济成就远远低于现代技术的潜力可能达到的最低水平。从国际范围来看，贫富的差距在拉大。

在这六个特征中，第一和第二个数量特征属于总和的比率，第三和第四个属于结构的转变，第五和第六个属于国际扩散。这六个特征是密切相关的，它们标志着个特定的经济时代。

三、城镇化与区域经济增长理论

（一）新古典区域经济增长理论

新古典区域经济增长理论是索罗、斯旺等经济学者在哈罗德-多马的古典增长理论基础上，以纯供给因素为出发点建立起来的理论模式。理论认为在规模收益不变、存在完全竞争产品和要素市场的前提下，区域经济长期增长来源于资本、劳动力和技术进步的区内供给率差异及区间流动，可用如下方程体系表示：

$$y_i = \alpha_i k_i + (1-\alpha_i) l_i + t_i$$

$$k_i = \frac{s_i}{v_i} \pm \sum_j k_{ji}, j \neq i$$

$$l_i = n_i \pm \sum_j m_{ji}, j \neq i$$

$$k_{ji} = f(r_i - r_j)$$

$$m_{ji} = f(w_i - w_j)$$

其中y_i、k_i、l_i、t_i分别为区域i的产出、资本、劳动及技术进步的增长率，α_i为资本对数的弹性系数，s_i为收入储蓄率，v_i为资本产出率，k_{ji}为资本每年从j区域流向i区域数量与i区域资本存量的比例，m_{ji}为每年从j区域流向i区域的每年净迁移人口占i区域总人口比例，n_i为i区域人口自然增长率，r_i、r_j分别为i区域、j区域的资本收益率，w_i、w_j分别为两区域的工资率。

（二）融合空间维的区域经济增长理论

新古典区域经济增长理论只偏重于供给因素对区域经济增长的影响，忽视了需求、规模收益递减、聚集经济等的影响。为弥补此不足，些学者对其模型进行了改进。希伯特（H. Siebert）运用宏观经济分析方法，并综合了供给、需求、内外部效果等因素，理查森进一步把区域空间结构变动对区域经济增长的影响引入模型，提出了一个融合空间维的区域经济增长理论区域经济增长模型，用函数关系式表示为：

$$y = [\alpha k + (1-\alpha) l]^{\alpha} + t$$

式中，y、k、l、t的含义同新古典模型，指数α表示规模收益系数，k可表示为聚集经济（A）、区域收入增长率（r）、资本存量（K）、该区域 z 个城市每单位面积资本存量的变异系数（CV_z）、区域资本收益率（R）与全国资本收益率（R_c）之差等变量的函数（b 为各变量系数）：

$$k = b_1A + b_2r + b_3K - b_4CV_z + b_5(R - R_c)$$

式中劳动力供给增长率 l 为人口自然增长率 n、聚集经济 A、区位偏好 F、该区域工资率 W 与全国工资率 W_c 之差的函数

$$l = b_6n + b_7A + b_8F + b_9(W - W_c)$$

这里区位偏好 F 可以表示为：

$$F = b_{10}A - b_{11} \times \frac{1}{VN_1} + b_{12}H + b_{13}(W - W_c) + b_{14}TC$$

其中，VN_1 为 N_1 城市的人口潜力，H 表示居民居住于该区域的平均时间长度，TC 是该区域至最接近的高收入区域的迁移成本。式中 t 可表示为：

$$t = b_{15}A + b_{16}k + b_{17}GN_1 + b_{18}qt_c$$

其中 GN_1 为该区域首位城市在全国城市体系中的位次，q 表示该区域和其他区域联系的程度，t 是全国技术进步率。

查理森的空间区域经济增长模型明显合并了空间不平衡增长与由区域间要素流动所导致的平衡增长过程。聚集经济及各种聚集变量决定了劳动力、资本、技术进步在空间上的聚集，从而导致区域间的不平衡发展及区域内经济的增长。

（三）城镇化与经济增长关系理论

城镇化与经济增长相互促进的关系已经被学术界公认。大多学者认为，经济增长引起城镇聚集、规模扩大和城镇化水平提高，而城镇化水平的提高无疑又会推动经济增长。也有学者认为经济增长和城镇化水平的相互关系是分阶段的。在经济增长的前期，经济增长会促进人口向城镇集聚，进而推动城镇化水平。而城镇化水平的提高会带来生产集约、科技进步，进而促进经济增长。

最早对城镇化促进经济增长进行论述的理论是著名经济学家刘易斯的二元经济结构理论。他认为不发达国家的经济分为两个部门，即城市中以制造业为中心的现代部门和农村中以农业、手工业为主的传统部门。由于工农业之间的收入水平存在差距，农业部门剩余劳动力会有向工业部门转移的趋势，城市工业部门在现有工资水平上可以满足部门对劳动力的需求。从而扩大生产，积累更多地利润，进一步扩大资本，取得更多剩余，积累更多利润，循环不止，最终促进经济增长。因此城镇化可以从优化社会资源配置、促进农村人口收入增加、提高社会总需求等途径促进经济增长。

1．优化社会资源配置

城镇化打破城乡分割，吸引农村剩余劳动力向城镇转移，推动大量高素质人才向小城镇和农村转移，从而带动消费资源、生产资源的优化配置，促进经济增长。

2．促进农村人口收入的增加

由于可耕地面积和农业劳动生产率的限制，农业人口的不断增加只会降低人均收入。而随着城镇化的发展，农业人口逐渐向城镇转移和集中，有利于土地的集中经营，增加农业劳动者的收入。另外，随着农村劳动力向城镇的逐渐转移，农村机械化运作的需求增加，提高了农业劳动生产率，从而促进经济增长。

3．提升社会总需求

随着农业人口的不断转移，农业人口收入的增加，消费需求得到了很大的提高，从而促进经济发展；另外，农业人口向城镇转移，增加了城市基础设施建设投资的巨大需求，从而拉动经济增长。

第二节　金融发展理论概述

一、金融发展的概念

金融发展的内在实质即金融规模的扩大、金融结构的优化和金融效率的提高。

在这种变化中不仅仅指短期和长期的变化，也是在连续时期内对应的不同时间点的比较变化，这种变化由金融机构、金融工具以及金融服务等共同决定。金融发展理论强调的是货币金融在经济发展中的重要作用。

二、金融发展理论

金融发展理论，主要研究的是金融发展与经济增长的关系，即研究金融体系（包括金融中介和金融市场）在经济发展中所发挥的作用，研究如何建立有效的金融体系和金融政策组合以最大限度地促进经济增长及如何合理利用金融资源以实现金融的可持续发展并最终实现经济的可持续发展。

（一）货币金融理论

货币金融论诞生在 20 世纪的五六十年代，这一理论的形成给之后金融发展理论的形成及发展提供了基础。

该理论认为基于货币的价值储藏功能，导致了人们的投机需求。同时理论提出了对于发达国家的经济发展与金融发展之间存在关系提出了两种看法：追随需求和供给领先。前者的解释为经济的发展所带来了人们对于金融服务的新需求，这种需求带动了金融机构的进步，倒逼金融服务的出现；后者的解释则为金融机构的进步发展带来了人们对于金融服务的新需求。这两种解释作用于不同的阶段，经济发展初期，后者起主导作用，当经济有了一定程度的发展时，前者将发挥主导作用。

（二）金融结构理论

金融发展即是金融结构变化，金融结构理论是金融发展理论的重要组成部分。1969 年，戈德史密斯在其撰写的《金融结构与金融发展》中创造性地阐述金融结构理论，提出金融相关比率以衡量金融结构与金融发展水平。戈德史密斯以 35 个国家为分析对象，选取 1960—1963 年数据进行横向与纵向的实证分析，对于金融发展过程，不同国家的起步以及速度可能具有差异，但国家的金融发展道路以及趋势呈现较大的相似性，即存在金融发展规律。一个经济体的金融结构可由金融工具的性质和金融机构的规模共同来决定，金融发展的本质可由金融结构的变化来反映，探究一国的金融结构不仅能够了解该国金融发展所处阶段，也能够把握未来一国金融发展趋势。

（三）金融深化理论

在发展经济学的影响下，金融深化理论将研究重心转移至发展中国家，提出打破金融抑制，以自由化改革推进金融深化。麦金农（1973）和爱德华·肖（1973）研究发现，发展中国家普遍存在通胀、负利率等现象，不仅损害了储蓄者利益，而且大大降低了金融体系效率，从而引发金融经济的恶性循环。基于该种金融抑制问题，金融深化理论提出在经济发展中金融政策和金融体制应处于核心的地位，对经济发展表现出至关重要的支撑效应；政府不应对金融体系进行过度干预，以使汇率和利率可以尽可能多地反映市场上的供给和需求信息，从而实现金融深化。此后，弗莱（1978）、唐纳德·马西森（1980）等学者又从不同角度构建模型完善研究，对金融深化与发展中国家经济的关系进行动态分析。

（四）金融约束理论

金融约束理论从微观角度切入，以信息为基点，探究市场主体行为，强调政府对金融部门和实体经济的平衡发展发挥举足轻重的作用。金融深化理论以瓦尔拉斯均衡为假设前提，然而现实经济发展中，信息不对称问题非常普遍，金融市场失灵时有发生。约瑟夫·斯蒂格利茨在新凯恩斯主义框架下解释金融市场失灵，强调政府应根据一定的监管标准和监管范围，以间接非直接的控制机制实行金融市场监管。在此基础上，赫尔曼，默多克，斯蒂格利茨（1997）在《金融约束：一个新的分析框架》中，正式提出金融约束理论的总体研究体系，将金融约束界定为政府控制存贷款利率、管制直接竞争、限制市场准入和创造租金空间，实施一连串金融管制政策，从而有效分配金融部门和实体部门之间的租金。发展中国家可以以金融约束推进金融发展，最终走向金融自由化，发挥政府作用调动实体经济与金融部门的积极性，促使银行积极规避风险并预防金融压制产生的危害。

（五）金融功能理论

金融功能理论由默顿和兹维・博迪（1993、1995）研究提出，相比金融中介组织体系，金融功能具有更为显著的作用。首先，相比金融机构变化，金融功能更加稳定，从组织机构历史变迁与不同区域布局的纵向与横向角度来看，商业银行机构体系都经历了巨大的变化然而其金融功能却基本没有变化；其次，相比于金融机构，金融功能的重要性凌驾机构体系之上。因此，金融体系的经济功能是金融组织机构设立的前提与依据。金融体系应当具体具备三大功能：便利清算与支付、资源汇集与再次分配、分散风险。从宏观上来看，金融体系的主要功能在于实现经济资源的有效配置，从而提升经济运行效率与各部门福利水平。

随着经济增长与金融发展，人们对二者关系的认识逐渐清晰，金融发展理论也随之不断完善与深化，研究成果丰富，研究方法规范，为世界各国特别是发展中国家的金融经济发展路径提供了理论指导。然而，20 世纪 80 年代以来，世界各国金融危机频发，注重金融总量与结构性增长的金融发展理论受到质疑，全新的金融发展观亟待深入研究。

三、金融发展与城镇化

（一）金融发展对城镇化进程的影响

金融发展对城镇化的影响在理论层面主要指金融规模、结构和效率在变化过程中对于城镇化的作用。

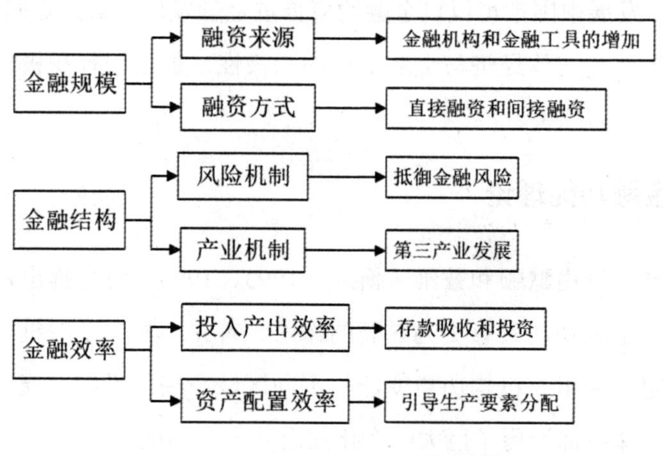

图 5-1　金融发展对城镇化的影响

1．金融规模

指的是区域内的金融资产的规模，也表现为金融机构和金融工具的增加。一方面，在城镇化建设中需要巨大的资金投入，增加金融机构和金融工具的数量可以使项目资金筹集中更加便利，也可以根据自己的需要选择合适的金融工具。机构数量的增加也会增加行业内部的竞争这也会加速资金的筹集速度，给城镇化建设增加更多的资金支持。另一方面，在社会融资方式中有直接融资和间接融资，直接融资行为可以通过证券基金、保险、期货、债券等市场筹措资金，间接融资主要通过银行贷款等。金融的发展带来的金融规模的扩大可以满足企业融资中的不同需求，有利于降低筹措资金的成本。

2．金融结构

指的是在金融系统中，不同的金融工具和机构所占的规模和分布以及资金在不同行业投资分布情况。根据相关研究显示，金融结构越复杂金融市场越发达，从而在市场中筹集资金相对容易，同时成本也随之降低。一方面，金融体系发挥金融功能对于城镇化建设起到非常重要的作用，毕竟资金的筹措中不可避免地会存在风险，不仅是金融体系中的风险，也包括城镇化建设中的风险。为了抵御这一风险，完善的金融结构必不可少。另一方面，金融业也属于服务业，作为第三产业自身的发展也可以促进属地经济发展，引导产业结构发展，促进城镇化水平。

3. **金融效率**

指的是金融机构是否高效地将储蓄转化为投资，使资金得到最大化利用，同时也指自身效率提高，降低了服务成本。一方面，经济增长理论显示，投资是经济增长的源泉，而金融机构的投入产出体现在将储蓄转化为投资的过程。提升资金的投入产出效率可以增加资金利用效率，更好地为城镇化建设服务。另一方面，金融体系的一大作用就是对社会生产要素进行合理优化配置，金融资源在不同的行业、部门之间进行配置时可以有效地促进社会资源配置向帕累托最优状态发展，促进经济增长和城镇化发展。

（二）金融发展影响城镇化进程的途径

探讨金融发展影响城镇化发展的途径，可从金融供给主体、资金投向以及项目融资方法三个层次构建金融发展影响城镇化进程的具体路径。

首先，根据城乡一体化建设中的时间中看，在城镇化发展中资金的来源主要有表 5-1 所示四种渠道：

表 5-1 城镇化所需资金供给来源

资金渠道	资金来源	内容
财政投入	政府拨款	政府财政拨款，通常主要用于基础设施建设、科教文卫、社会保障体系构建等方面
金融资金	金融部门	政策性金融资金、商业性金融资金与合作性金融资金
民间资金	自筹	筹集的形式多种多样
其他资金	盘活资金、外资	将村集体的荒山、果园、闲置的厂房等，通过租赁、承包等方式盘活的资金

其次，金融资金和服务的投向，主要分为表 5-2 所示几个方面。

表 5-2　金融资金的主要投向

资金投向	需求项目	内容
基础设施建设（社会、生态）	常规农村地区农业现代化发展所需的一般性生产和生活设施	如农田水利、电力电讯、道路交通等方面的设施与机构
企业发展（经济）	为适应现代城镇经济与生活所需要的生产与生活设施 产业扶持和结构升级	如城市住宅、工业聚集区、商业网点及医疗教育、科技文化和环保设施等 企业初创和扩张 实现技术改造和产业结构升级 适应现代市场运行规律，转变经营管理方式 对优质企业辅导上市、发行股票与债券进行直接融资等现代金融服务
保险与社会保障（社会）	建立合适的社会保障体系	养老、医疗、失业和最低生活保障
现代金融服务（人口）	完善金融服务	日常性金融服务 金融理财方面的咨询与服务 消费信贷服务

最后，金融发展影响城镇化发展的途径具体如图 5-2 所示：

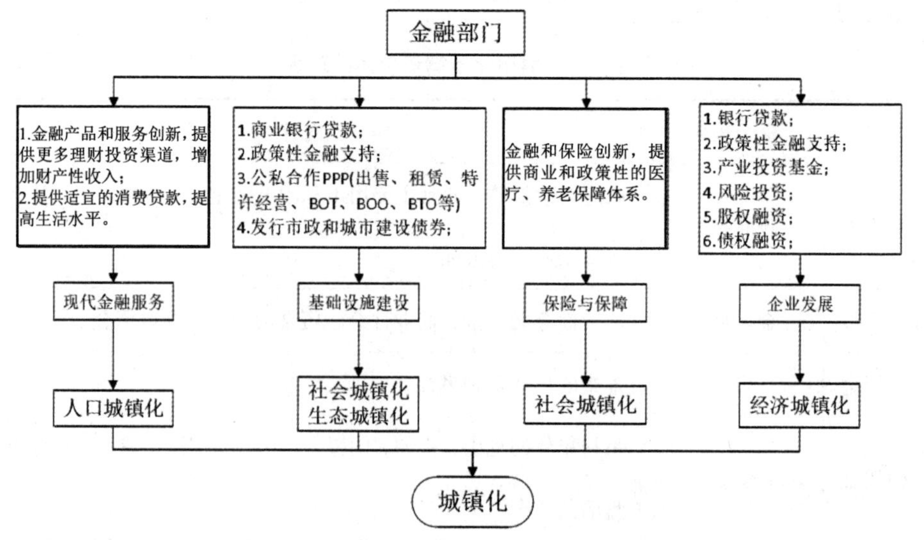

图 5-2　金融发展影响城镇化发展的途径

第三节　地区经济增长、金融发展与城镇化的协同性研究

一、问题的提出

我国当前的城镇化进程还充斥着诸多方面的问题，表现为城镇化过程中的各种不匹配、失衡与不协调。在基本层面，城镇化进程无一例外地都是其与经济增长、金融发展下要素资源互动的结果。因此，应该尝试从该层面，研究经济增长、金融发展、城镇化三者的协同情况，探寻协调性的变化规律，为回答当前城镇化中的各种问题另辟思路。新型城镇化已在“十二五”期间上升为国家战略，明确要求以城市群为单位推进城镇化，最终实现“两横三纵”的城市群架构，通过连笔纵横，实现全国城镇化。中部六省已上升为国家城镇化发展规划“两横三纵”格局的中间骨架及东中西互动合作的协调发展的关键区域之一。本节以中部六省为研究对象，分析地区经济增长、金融发展与新型城镇化的协调关系。

二、研究方法

（一）研究区域概况

中部六省指居于我国大陆中部腹地的 6 个相邻省份，包括河南、山西、湖北、安徽、湖南以及江西全境。该区域占据我国 10.7%的领土，承载全国 26.5%的人口，创造出全国 21.6%的生产总值，是我国的人口大区和经济腹地。现阶段，中部地区新型城镇化率平均增速位列三大经济地带首位。然而，新型城镇化的高速推进也使中部地区面临着新型城镇化质量偏低，环境污染严重等一系列问题。

（二）数据来源与处理

本部分研究中部六省 2006—2016 年间经济增长、金融发展与新型城镇化的协

同关系，数据主要来源于《中国统计年鉴》《中国工业统计年鉴》《河南统计年鉴》《山西统计年鉴》《湖北统计年鉴》《安徽统计年鉴》《湖南统计年鉴》和《江西统计年鉴》等。

（三）指标选择

经济增长指标（tg），该指标利用各省人均 GDP 来衡量经济的发展水平。城镇化指标（tc），该指标衡量了各省的城镇化进程达到的水平，利用非农人口占总人口的比重来衡量。采用两个指标衡量金融发展水平。金融发展规模（fs），此指标用年末的存贷款余额之和与国内生产总值的比值来衡量，可以说明金融发展规模对经济增长的贡献度；金融发展效率（fe），该指标用金融机构的各项贷款余额与各项存款余额的比值来衡量，用以说明储蓄转化为贷款
支持经济增长的效率。

（四）子系统耦合关联度模型

由于经济增长、金融发展、城镇化之间存在协调互动，不妨用系统的观念将其视为三个子系统，考察其协同性。为使每个系统都能全面反映各自在不同时期的情况，需要分别建立经济增长、金融发展、城镇化的综合评价函数。

$$E(x)=\sum_{j=1}^{m}a_j x_{ij};\quad F(y)=\sum_{j=1}^{m}b_j y_{ij};\quad U(z)=\sum_{j=1}^{m}c_j z_{ij}$$

上式中，i 为子系统中指标的个数，a_j，b_j，c_j 为指标权重，x_{ij}，y_{ij}，z_{ij} 分别描述经济系统、金融系统、城镇化系统第 i 个指标值（实证过程中为经过无量纲化处理过的标准化值）。由此函数计算的系统综合指数越高，表明经济水平、金融水平或城镇化水平越高；反之，若子系统综合指数越低，则表明相应系统水平越低。使用上述指标体系测度经济增长、金融发展与城镇化三个子系统的综合评价水平，需要确定各系统指标的权重。下面采用熵权法对权重进行赋值。

离差系数是衡量系统间观测值变异程度的统计量，其数值越小，表示系统间

的协调程度越高，反之则协调度越低。依据离差系数基本公式$Q_V = \delta / \mu$，其中Q_v为离差系数，σ 为三系统之间的标准差，μ 为三系统的均值。则三系统的离差系数可计算为：

$$Q_V = 3\frac{\sqrt{\frac{1}{3}\{[E(x)-\mu]^2+[F(\mathrm{y})-\mu]^2+[U(z)-\mu]^2\}}}{[E(x)+E(y)+U(z)]}$$

Q_V的最小化条件为{*E*（*x*）*F*（*y*）+*E*（*x*）*U*（*z*）+*F*（*y*）*U*（*z*）}/{*E*2（*x*）+*F*2（*y*）+*U*2（*z*）}最大化。耦合关联度的取值为［0，1］，值越大，经济增长、金融发展、城镇化发展的耦合性越好，反之，耦合性越差。

三、实证分析

根据上文介绍的耦合关联度模型，将无量纲化的综合水平数据和熵权法确定权重数据代入后计算得到 2006－2016 年中部六省经济增长、金融发展、城镇化发展水平的耦合关联度，结果如表 5-3 所示。

表 5-3 中部六省经济增长、金融发展、城镇化三系统耦合关联度（2006－2016）

地区 年份	2006	2007	2008	2009	2010	2011	2012	2013	2014	2015	2016
河南	0.019	0.169	0.320	0.416	0.519	0.542	0.618	0.761	0.841	0.904	0.954
山西	0.012	0.157	0.289	0.416	0.578	0.656	0.772	0.805	0.813	0.866	0.901
湖北	0.065	0.240	0.321	0.423	0.510	0.676	0.742	0.758	0.774	0.793	0.803
安徽	0.037	0.204	0.326	0.402	0.514	0.613	0.702	0.848	0.867	0.940	0.947
湖南	0.059	0.184	0.321	0.434	0.523	0.541	0.580	0.665	0.719	0.842	0.898
江西	0.003	0.178	0.345	0.476	0.673	0.739	0.752	0.853	0.867	0.884	0.896
标准差	0.022	0.026	0.018	0.025	0.060	0.110	0.138	0.068	0.251	0.086	0.054
均值	0.031	0.183	0.321	0.414	0.552	0.619	0.724	0.776	0.812	0.835	0.871

从时间维度上来分析，中部六省的经济增长、金融发展、城镇化发展水平的耦合关联度均呈现上升趋势，其均值由 2006 年的 0.031 提高到 2016 年的 0.871，表示中部地区三者之间的协同度逐年递增，变化趋势整体保持一致，均呈上升态

势。从六省综合得分来看，河南省三者协同度上升幅度最大，10 年间上升了 0.935，湖北省三者协同度上升幅度最小，10 年间上升了 0.738。从动态变化来看，2008—2012 年江西三者协同度高于其他中部省份。总体而言，10 年间六省的经济增长、金融发展、城镇化发展水平的耦合关联度增幅都处于 0.79—0.935 之间，各省差距不大。

下面进行平稳性检验。首先检验金融发展规模（lnfs）、金融发展效率（lnfe）、城镇化水平（tc）、经济增长水平（lntg）四个变量的平稳性。为了获得平稳的序列，对 lnfs、lnfe、tc、lntg 进行一阶差分得到 lnfs1、lnfe1、tc1、lntg1 四个变量。单位根检验的具体结果如表 5-4 所示。ADF 检验结果显示，2006—2016 年，经过一阶差分处理后，在 5%显著性水平下，均拒绝存在单位根的假设，四个变量平稳，说明 lnfs、lnfe、tc、lntg 之间存在协整关系。

表 5-4　单位根校验结果

变量	检验形式（C，T，K）	ADF 统计量	p	1%临界值	5%临界值	10%临界值
lntg	（0，0，3）	2.7347	0.9928	−2.7147	−1.9525	−1.6101
lnfs	（0，0，2）	1.5892	0.9666	−2.6403	−1.9517	−1.6103
lnfe	（0，0，1）	−0.7743	0.37649	−2.5458	−1.9392	−1.6105
tc	（0，0，1）	3.99182	0.9999	−2.6369	−1.9424	−1.6105
lntg1	（C，T，4）	−3.7742	0.0272	−4.2967	−3.5684＊＊	−3.2164＊＊＊
lnfs1	（C，T，1）	−5.4269	0.0003	−4.2733＊	−3.5578＊＊	−3.2144＊＊＊
lnfe1	（C，T，0）	−4.2027	0.0097	−4.2627＊	−3.5530＊＊	−3.2036＊＊＊
tc1	（C，T，0）	−5.1009	0.0014	−4.2627＊	−3.5530＊＊	−3.2073＊＊＊

＊、＊＊、＊＊＊分别表示在 1%、5%、10%的显著性水平下拒绝原的假设；检验形式（C，T，K）分别表示截距项、时间趋势项和滞后阶数；p 表示伴随概率。

第六章　新型城镇化的融资机制与创新

金融最根本的作用就在于借助经济手段和金融工具实现资金以及资源在剩余部门和短缺部门之间的调配，从而实现社会资源最大效率的利用。正确认识城镇化融资的基本原理，是解决我国城镇化融资问题的关键所在，也是推动我国城镇化进程持续进行的有力保障。

第一节　城镇化融资的基本原理

一、城镇化融资的理论基础

（一）公共物品理论

公共物品理论是20世纪以来创建和发展起来的，是现代经济学的核心理论之一。早在1939年，休谟就提出了“公共物品（Public goods）”的概念，在西方经济学论著中它是一个是与私人物品相对应的概念。而最早最完整的公共物品定义，则由美国经济学家萨缪尔森给出：“每个消费者对该种物品的自由消费，不会导致他人对该物品消费的减少。”换言之，公共物品在消费中的有两个本质特征：消费的非排他性和非竞争性。由于在现实中还存在许多“萨缪尔森归纳”不能完全包容的特殊消费，后来的公共选择学派代表人物布坎南对其作了重要补充，提出了准公共物品理论，认为这类准公共物品或者只具有非排他性，或者只具有非竞争性，而不能同时满足萨缪尔森提出的两个条件。公共物品理论为人们认识政府的公共职能提供了重要工具。传统观点认为政府是提供公共物品的天然的、唯一的主体，然而，传统观点仅适用于纯公共物品。随着准公共物品概念的提出及其在现实生活中的广泛存在，决定了其供给方式的多样性，当准公共物品的公共性接近100%时，其非竞争性和非排他性等于或接近纯公共物品，完全可以由政府来提供；当准公共物品的公共性降为0或接近0时，其竞争性和排他性等于或接近私人产品，可以由市场来提供；其余的准公共物品学者通常认为可以由非营利组织（第三部门）来提供。

城镇化融资项目中有不少也是公共物品，公益性大于营利性，社会效益大于经济效益。有的公共物品缺乏收费机制或手段，甚至只能免费提供，如公共道路、城市美化等——即所谓纯公共物品。较之纯公共物品，大多数物品是介于公共物品和私人物品之间的准公共物品，进一步可细分为拥挤型准公共物品（存在消费饱和点）和俱乐部型准公共物品（可通过“使用者付费”机制排除不愿付费的消费）。

需要指出的是，公共物品划分并非一成不变。国际经验表明，技术进步不仅使过去的公共物品消费行为能够被准确计量，也会降低消费成本，同时财政也日益不堪重负，越来越多的公共物品被纳入“使用者付费”范围。

（二）项目分区理论

项目分区理论是指在现有制度体系条件下，按照是否收费及投资回报机制，将项目分为非经营性项目、准经营性项目和经营性项目。

第一，非经营性项目。此类项目无资金流入，无收费基础，但是具有较高社会效益和环境效益，完全按市场机制无法实现有效供给，属于市场无效范畴。

第二，纯经营性项目。此类项目有收费基础，能实现使用者付费，有资金流入，可引入市场机制进行有效供给。

第三，准经营性项目。此类项目介于纯经营性项目和非经营性项目之间，有部分潜在资金流入，同时也带有部分公益性，经济效益不够明显属于市场低效范畴。

同样，上述划分并非绝对和一成不变的，根据实际需要，政府通过收费机制或特许经营权，可使项目的可经营指数得到提升。例如市政供水、供暖等，如果其价格逐步到位，即可由准经营性项目转为纯经营性项目。

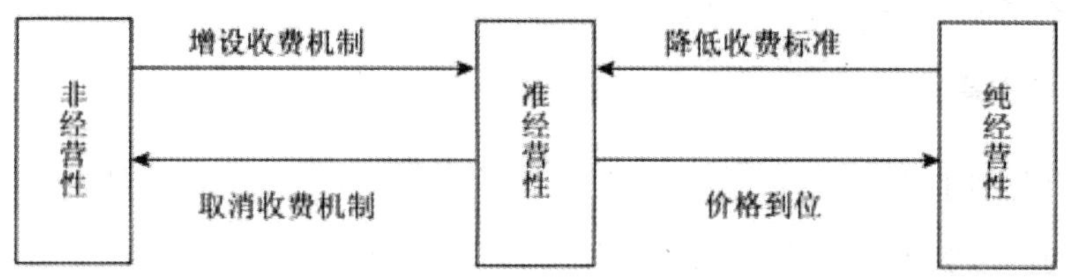

图 6-1　纯经营性、准经营性和非经营性项目转化

二、城镇化融资的基础要素

（一）融资对象

1. 城市基础设施

迄今为止，城市基础设施没有精确的定义。按照世界银行的分类标准主要包括：第一，公共设施。电力、电信、自来水、卫生设施以及排污、固体废物的收集与处理、管道煤气。第二，公共工程。道路、大坝和灌溉及排水渠道工程。第三，交通设施。城市与城市间铁路、城市公共交通、港口、航道和机场。总体上，基础设施投融资具有以下特点：

第一，投资规模大，依靠有限的财政资金难以满足。以城市新区建设为例，基本上要从郊区荒地或农田起步，生产和生活基础设施都要从头开始建设，需要大量资金支持，仅依靠财政资金往往会出现巨大资金缺口，影响建设进程。

第二，建设周期和受益周期较长，投资后形成生产能力和回收投资时间往往需要许多年（有的甚至长达数十年）。相对来说，这类长周期项目潜在风险也较大，银行很难承受较高的债务权益比率支持这类长期贷款。

第三，具有社会先行资本特征。与其他行业相比，基础设施构成其他部门发展所必需的投入，具有很强的外溢性，直接经济收益一般非常有限或完全无收益，如城镇内道路、涵洞、管线等根本不能向使用者收取费用。隧道、桥梁或轨道交通项目受制于多种因素，往往不足以通过收费收回投资。有些项目本身因为是其他部门产品成本的重要组成部分，其价格变动具有很强的连锁反应，甚至会引起整个国家产业成本的波动因而要被限制收益。

2．公用事业

城市公用事业对公共利益产生广泛的影响，它是为公众或不特定的多数人提供必需的基础服务的产业和活动，是城市居民日常生活不可缺少的基本条件。城市公共事业主要有环境卫生、防洪消防；地铁、公交等公共旅客运输；自来水、电力、煤气、热力的生产、输送和供应；文化体育场所、娱乐场所、公园、邮政通信等公共服务。总体上，公用事业投融资具有以下特点：

第一，生活中必不可少且投资可观。公用事业是现代社会赖以生存和发展的基础，与公众切身利益直接相关，其质量的好坏直接影响着公众生活水平、国家经济发展与社会稳定。一个城市是否适合人类居住，要看这个城市的公用事业水平。公用事业水平高的城市，能提高整个城市的劳动生产率、工作效率，为生活在这个城市的居民提供优美的环境、安全的空间、良好的文化娱乐场所、便利的各种生活条件等。当然，这些都需要为数可观的投资。

第二，融资上可形成一定的“使用者付费”机制。当公用事业涉及每一个人的切身利益且大多具有消费的“排他性”时，可以适当考虑通过“使用者付费”方式收回全部成本或部分成本，例如公交、自来水、电力、煤气及热力供应等。但对于排水、防洪、消防等，与社会的普遍需要联系在一起，具有基础性、公益性和政治敏锐性的公用事业，就很难严格按照支付能力的高低来进行配置，一般不通过收费来解决。

第三，产品和服务具有垄断性和地域性。一方面，公用事业提供的产品和服务不存在替代品，或可替代程度很低，导致需求的价格弹性较小，企业和居民只能被动地接受价格；另一方面，公用事业一般以耗资巨大、建设费时的全国性或区域性网络、管线为基础开展经营，或具有自然垄断性，或由于行业进入门槛较高而不大可能形成充分竞争。与此同时，由于影响因素有很大差异，公用事业的成本和价格在各地区之间也往往有较大差别，体现着较强的地域性。这些特点都决定着公用事业价格必须接受政府管制。

3．公共服务

公共服务包含内容较多，其中基本公共服务主要有三个方面：一是保障；二是满足基本发展权需要的义务教育和文化服务；三是满足基本健康需要的公共卫生和基本医疗保障。基本公共服务具有基础性和广泛性，基础性是指那些对人的生存发展有着前提条件、人所必需的公共服务，广泛性是指那些会影响到全社会每一个家庭和个人的公共服务。如果一种服务同时具有基础性和广泛性，则这类服务就属于公共服务，供给主体应当是政府，其他社会组织可以作为政府提供不足时的必要补充。城镇化的核心或实质就是让农民进城及农民市民化。这种农村居民向城市居民转换，不仅仅在于通过户口迁移改变农民身份，更主要是通过配套公共服务的提供，改变他们生活方式，使其融入城市经济生活中，共同分享经济增长成果，这就必然需要大量的资金支持才能得以顺利实现。同时需要指出的是，与城镇化有关的服务是多种多样的，比如就业机会尽管对一个城镇居民的稳定生活非常重要，政府也有义务通过扶持中小企业提供创业支持等措施促进就业，但就业机会创造主要是企业经济活动的结果，是城镇化的前提条件而非城镇化本身，这方面的需求不属于政府提供的基本公共服务。其他一些领域比如教育、医疗等，也主要指基本教育和医疗，超出基本的需求比如择校、择医等，则同样超出了政府为城镇化居民提供的公共服务范畴。

（二）融资主体

按照“责、权、利”对等原则，城镇化融资主体应当与支出责任主体匹配，具体包含两个层面：一是政府和市场的分工，即哪些项目由政府融资，哪些项目由市场融资；二是中央和地方的分工，即哪些项目由中央政府融资，哪些项目由地方政府融资。

1．政府与市场的分工

就城镇化融资而言，对政府与市场分工首先必须明确界定政府与市场的边界。

公共产品理论有助于从宏观上定性划分政府与市场的边界。在实践中对具体的城镇化项目，还需根据具体情况决定投融资主体、资金来源和方式。纯公共物品一般由政府财政资金建设并向居民免费提供，但这并不意味着完全需要政府生产，也可按照管理和经营职能分离的原则，将公共项目的生产经营交由市场，政府通过向市场购买的方式提供公共服务，这有助于提高财政资金使用和公共服务供给效率。对大多数准公共物品而言，比如公立学校、文化设施、自来水、燃气等，可考虑采用公私合作（PPP）方式向社会提供，即一方面通过“使用者付费”方式获得一部分有偿收入，另一方面通过政府提供一定资助或政策优惠吸收民间投资，形成多元化的城镇公共服务投融资机制。

2. 中央与地方政府的分工

有关城镇化融资的中央与地方政府分工，实际上就是中央与地方政府在城镇化事权上的划分。国际经验表明，无论是联邦制还是单一制国家，政府间事权主要依据事权的外部性、信息复杂性和激励相容三个原则划分。从国际经验看，依据上述原则和理论划分中央和地方事权，主要集中于：跨地方的重大基础设施项目，比如铁路；具有明显外部性的公共事务，比如食品、药品安全环境建设和传染病防治等；关系社会和谐稳定、公平正义且信息复杂程度较低的公共事务，比如一部分社会保障、医疗以及义务教育。

地方城市政府是大量具体公共服务的主要提供者，不仅要负责上述中央事权在当地的落实，而且要承担城市生产生活方方面面的基础设施建设，同时由于中央政府在教育、医疗、养老等领域的公共服务供给仅是依照最低标准，地方政府还要在此基础上提供大量支出作为配套补充。

（三）融资方式

城镇化建设涉及基础设施、公用事业和公共服务改善等大量事权。尽管由于融资对象——事权性质的差异，资金筹措渠道（融资方式）应有所不同，但从普遍的国际经验看，随着公共财政和金融市场的发展，城市基础设施等公共服务供给的市场化程度逐渐提高，融资方式除传统的财政资金外，基于“使用者付费”引导的社会资金以及借贷和金融市场发债融资逐渐增多。

城镇化发展中资金筹措更多依赖金融机制并非偶然。按照前述新型城镇化背景下融资机制有效性的衡量标准，在诸多城镇化资金筹措方式中，健全的金融市场融资机制，能够较好地实现“城镇化红利”释放和融资可得性之间的有效衔接，能够在激励相容原则下激发融资主体自身的风险约束动力。

第一，借助金融市场机制能够更充分地利用“城镇化红利”，更符合融资机制设计中的激励相容原则。健康的城镇化能够带来人口和产业集聚，由此形成集聚地区的土地增值、使用者付费和税收增长。借助金融市场机制，能够将“城镇化红利”产生的未来收入平移到目前使用，从而有效突破现有财政收入不足的局限，进一步增强融资可得性，推动城镇化持续发展。

第二，借助金融市场机制能够更好地实现融资负担的公平分摊。金融市场机制在将城镇化未来收入平移到目前使用的同时，也需要使用未来收入逐步分期偿还当下债务，从而能够实现城市基础设施等公用事业建设成本的代际分担，更好地体现谁受益、谁融资的公平原则。

第三，金融市场融资的风险约束机制更强，对融资主体的财务可持续性要求更高。金融市场融资具有公开性，风险性更大。同时金融市场能够更有效地评估风险和确定价格，不仅对债务主体的财务可持续性有更高要求，而且对债务主体有更强的信息披露要求，能够借助透明度监管和市场化定价波动，强化融资约束，充分体现融资有效性的风险约束原则。

第四，金融市场融资能够提升城镇化质量，从融资约束上防止过度或超前的城镇化建设。城镇化进程有其内在的客观规律，与地区整体经济发展水平和工业化程度密切相关。如果脱离了经济发展阶段盲目推进城镇化，结果只会造成资源错配并引致诸多社会问题，反而会拖累经济发展，比如拉美国家虽然城镇化程度很高，却长期陷于“中等收入陷阱”。在金融市场融资机制下，城镇化资金筹集需要经受投资者的拣选，理性投资者必然只会投资于条件相对成熟、能够为自己带来收益的城镇化建设项目。在金融市场融资机制下，过度超前甚至人为冒进的城镇化会受到更强的资金来源制约。

第五，借助金融市场的城镇化融资有助于吸纳民间资本。金融市场融资具有广泛的包容性，能够为民间资本直接或间接参与城镇化建设提供投资机会，也能促进本地各种自然资源、人力资源的资本化，普惠城镇化发展的红利。

（四）偿还来源

1. 税收收入

税收无一例外来自经济活动，城镇化发展的经济活动包括狭义（直接）和广义（间接）两方面。城镇基础设施等公用事业属狭义范畴，而公共设施改善带来的投资、商业和消费繁荣属广义范畴。从税收角度看，狭义城镇化经济活动对应的主要是财产税，比如城市土地和房地产价值的上涨，主要是其所处区位优势发生变化，而这些变化又与城市政府的公共支出密切相关。广义城镇化对应的税收则更为广泛，甚至可以涵盖一个城市所有的税收，但直接体现出来的，主要是消费税、营业税等由人口和商业集聚带来的流转类税收，所得税、增值税等直接税也部分与城镇化有关。

除直接税和间接税外，另一个区分城镇化税收效应的重要视角，是中央税和地方税。上面提到的财产税、消费税、营业税等，与一个地区城镇化水平的关系较为直接，税源也自然具有很强的地域性，选择这类税收作为城镇化融资的偿债来源，税收和税源一致，受益范围和责任一致，能够较好地体现前述城镇化融资机制有效性的激励相容准则，有利于激励当地政府、企业和居民不断提升当地的城镇化质量，形成城镇化水平不断提升和税源不断扩大之间的正向循环。增值税和所得税税源多少也与企业或居民所在地域有一定关系，其中一部分也可作为地方税用于城镇化融资的偿还，或在当地居民投资市政债时给予税收优惠，从而间接用于城镇化融资。

2. 使用者付费

在传统公共财政框架下，公共物品消费不具有排他性，理论上需要由财政免费提供。但随着城镇化发展产生的公共服务需求日益增大，这一做法缺乏成本约束和效率低下的弊端逐渐显现，财政也日益不堪重负。同时借助科技发展，一些原先难以有效识别消费主体的公共消费识别问题也能得到解决，使用者付费不仅逐渐成为城市基础设施投资的一个重要来源，而且也是相关融资机制的偿债基础。比如借助特殊目的公司（SPV）以拥有针对特定项目的收费权和现金流，或者具有对在建基础设施、公共事业和公共服务的价格管理权，如确定将来市政供水价格、收费公路定价等，乘上预测的使用量，就可在大致明确当前建设项目资金回报率基础上进行融资。

第二节　城镇化建设主要融资形式

一、税收融资

税收是城镇化融资的重要形式，基础设施和公共服务，外部性特别强，仅靠市场的力量是难以完成融资任务的，这就意味着税收融资必须在其中扮演重要角色。政府所征收的各种无指定用途的税收均属于一般税收，如增值税、消费税（除燃油外）、企业所得税、个人所得税等，它们应是税收融资的主体。车辆购置税、车船税、消费税（燃油税）从来源看，与车辆的使用和道路建设有着密切的关系，城镇化过程中的道路建设更离不开它们的支持。税收融资在形式上往往表现为各种形式的政府预算拨款。

税收应该是城镇化融资最主要的资金来源。政府预算拨款对于具体项目而言，不用考虑未来的资金偿还问题，特别适合未来没有直接现金流入的公益性项目的建设。公共服务体系建设在很大程度上也是如此，由公共服务的非营利性所决定，最基本的投入应该依靠政府投入，而不是其他需要偿还的资金投入。税收融资具有阶段性特征。在许多国家和地区，财产税融资是地方基础设施和公共服务的重要资金来源，但在当前的中国，财产税（车船税和房产税）的规模很小，还难以对城镇化融资起到充分的支撑作用。2018 年，全国房产税收入 2889 亿元，车船税等税收收入 992 亿元，合计为 3800 多亿元，仅占全国税收入 15.64 万亿元的 2.12%。虽然早在 2011 年 1 月，重庆市和上海市对居民个人自用住房征收房产税的试点工作已经展开，但是由试点方案所决定，这样的房产税只是针对极少数自用住房课征，不太可能提供太多的税收收入。而且房产税这样一种许多国家和地区广为使用的地方融资方式，在扩大征收范围过程中，还遭遇到种种挑战。无论从维持财税国际竞争力，还是从促进国内经济社会发展的角度来看，中国税制结构都需要转换。也就是说，地方政府要取得更多的房产税，必须建立在其他税收收入和收费下调的基础之上，否则，居民的税负只会增加不会减少。降低其他税收，主要是大幅度降低商品税（间接税）的比重，增值税在扩大增收范围的基础之上，降低税率，增值税基本税率维持在 10%左右，与周边国家和地区的税率基本一致。对个人自用住房征收房产税，必须建立在取消相应收费的基础之上，必须充分考虑存量房已经承担了大量与房产税性质相同收费的事实，区别对待存量房与新增住房。房产税可作为县级财政的重要收入来源，成为县级政府推动城镇化的重要资金来源。但从目前来看，远水解不了近渴，房产税是未来地方政府稳定的重要税收收入来源，但由房产税征收所可能引发的各种社会问题所决定，当前城镇化中的税收融资更多地依靠其他税收。

二、土地融资

在四十多年的改革开放中，特别是 1994 年以来，土地融资在城镇化融资中的地位不容忽视。1994 年分税制改革的直接目标是“提高两个比重”，即提高财政收入占 GDP（国内生产总值）比重和提高中央财政收入占全国财政总收入的比重。不少地方财力相对不足，即使是经济相对发达的地区，一般预算收入（公共预算收入）往往只能保证当地的“人吃马喂”等经常性支出。建设性支出几乎要靠一般预算收入之外的其他资金来源，其中，最为重要的莫过于国有土地使用权转让金收入，2018 年，国有土地使用权转让金收入更是达到创纪录的 65096 亿元。土地融资已经成为城镇化进程中最为重要的融资形式。

时下对于土地融资有诸多非议。土地融资导致土地财政，土地财政抬高房价。的确，如果没有高价土地的配合，城市房价不可能那么高。但仅以此来说明土地融资方式的不可取，显然是西瓜和芝麻一起扔掉的做法。

土地融资确实带来了一些问题，特别是城市拆迁与农村征地，其中有较大的利益空间，在制造了一些人暴富的同时，也滋生了部分官员的严重腐败行为。更重要的是，人民群众的财产收益在一定程度上遭到了侵犯。但是，这样的问题，要靠制度的不断完善来加以解决。从理论上来看，城镇化收益的分配是一个一直没有理清的问题。没有基础设施的完善，没有公共服务配套的跟进，土地增值过程将会非常缓慢。但是，具体土地收益的明确性与城镇化收益的模糊性，决定了城镇化收益分配这一至关重要的问题没有得到应有的讨论。

可持续的城镇化必须解决好收益与成本的对称问题。享受所有收益却不愿意承担任何成本，无论如何也是说不过去的。当下，应该进一步完善土地制度，积极推动农村土地流转制度的创新，同时改善土地管理方式，改善土地征用中的部分不合理做法，以保证土地融资的顺利进行。

土地融资与土地财政有关联。一味地指责土地财政，也是不合适的。未来应该改变的是土地财政模式，而非土地财政。许多国家和地区的地方政府收入，与土地相关收入有着密切的关系，只不过这些国家和地区，它们的土地相关收入不是靠出售土地，而更多地依靠相关税收。这种土地财政模式的可持续性相对较好，可以作为未来土地财政模式转换的参考。

中国之前所形成的土地财政模式是不可持续的。土地是有限的，卖地收入总有萎缩的时候。卖地还带来了一些政府决策者的扭曲性行为。为了抬高地价，挤牙膏式的“饥饿营销”策略在许多地方不同程度地得到了应用，这种行为也直接导致了当前的高房价格局。釜底抽薪之策自然减少了地方政府对国有土地所有权转让收入的依赖。进一步完善分税制财政体制，才有可能给土地融资以合理的生存空间。

三、债务融资

长期以来，与土地融资相配合，债务融资一直是城镇化的重要资金来源。预算法对地方政府直接发债作了限制，使得地方政府债务融资形式更加特殊，也滋生了一个具有中国特色的地方债方面的专业术语——“地方政府性债务”。

地方财政正常运行情况下，收大于支，或收小于支，都是正常的。收不抵支之下，没有税权，没有货币发行权，不借债又有什么出路呢？但是，《预算法》不赋予地方政府明确的发债权，其结果或者是中央政府代发地方债，或者是地方政府突破重围发债，用尽各种“调账技术”，将财政赤字和地方政府债务掩盖起来。地方政府规避债务的结果之一，就是无法准确评估地方政府性债务规模。最近国家审计署对全国地方性政府债务规模给出了一个较为权威的数据。截至 2018 年底，全国地方政府性债务余额 18.38 万亿元，其中，政府负有偿还责任的债务 11.66 多万亿元，占比 63.42%；政府负有担保责任的债务 4 万多亿元，占比 21. 79%；政府可能承担一定救助责任的其他相关债务 2.7 万多亿元，占比 14. 79%。

与 90 万亿元规模的经济总量和 13.7 万多亿元的全国税收收入相比，当前地方政府性债务尚不足以构成中国国家主权债务风险。但是，这并不等于说地方债就已经高枕无忧，局部地方不会出现财政风险或财政危机。债务问题不仅仅是总量问题，还表现为期限结构问题。同样债务如果期限结构不合理，可能带来短期的债务清偿问题。因此，亟待规范地方债、控制地方性政府债务规模的扩大，以保证地方财政正常运转。

现有地方政府性债务中，有许多来自于地方融资平台。融资平台建设是应对国际金融危机、落实积极财政政策配套资金的合理选择。但是，在短期内，建设过多的融资平台也留下了安全隐患。当然，不是所有平台都有风险。但是，一些没有持续收入流的平台，是因为在政府的干预下，银行信贷资金才得以注入，可能存在亟待解决的风险问题。这种风险足够严重的话，会直接威胁到银行体系的安全。解决这个问题，首先必须从平台形成的机制入手，清理整顿平台是第一步。只有这样，才能真正对平台风险作出较为准确的评估。

如果更深一步考察，我们就会发现，地方融资平台的形成在很大程度上还是分税制财政体制下地方政府财权和财力不足的必然结果。调整财权财力格局，已是必然趋势。

在清理现有地方政府性债务的基础之上，正式发行市政债就是其中一项内容。市政债是城镇化融资的一个选择项。需要注意的是，市政债可以缓解地方融资平台风险，但是地方财政风险并不会因此而消失。让市场对政府债务的合理性作出评价，市政债有其优点，但是，市政债取代地方融资平台，只不过是风险的转移，是将银行业的风险转移到公众手中，不能从根本上解决地方政府融资所带来的财政风险问题。因此，对于发行市政债，我们更应该将其视为地方政府债务信息透明化的一个步骤，将其视为地方财政健全过程中的一步。有了市政债，地方政府债务管理同样不能有丝毫地放松。

第三节　新型城镇化融资机制的改革与创新

一、衡量城镇化融资机制有效性的标准

着眼于构建一个规范可持续的融资机制，实现城镇化红利效应不断释放，实现融资可持续的良性循环，应将以下三方面作为新型城镇化融资机制有效性的衡量标准。

（一）效率上的激励相容

一是事权主体与融资主体应尽可能保持一致，即谁花钱、谁借钱、谁偿还，而在目前的平台负债、政府花钱模式下，融资主体的激励和约束就会分离，作为城镇化事权主体的地方政府就希望过度负债。另有专家提到，应该对当前投融资体系进行改革，倒逼财税体制改革，解决财权和事权不匹配问题。要区分公共服务项目的不同性质，确定资金筹措方式，不宜收费的公共服务一般由政府财政负

责，但大量能够完全或部分收费的铁路、公路、教育、医疗、水、电、气等基础设施，应充分利用市场化方式融资，并向民间资本开放。二是事权与偿债资金来源保持一致，即城镇化融资的偿债来源主要依靠城镇化自身“红利”的释放，比如财产税（房地产税）作为国外市政债的一项重要偿债资金，其税源多少就直接与城市基础设施及公共服务改善程度有关，以此作为偿债来源更能激励地方政府改善公共服务。

（二）财务负担上的代际公平

大量基础设施和公共服务事权大都具有一次建成、长期使用的特点，客观上容易产生代际负担不公问题，金融机制特别是资本市场长期融资机制一定程度上能够解决这一问题。但如果预算制度不支持资本市场的长期融资机制，则仍可能产生扭曲。比如我国目前地方财政并不编制独立的跨年度资本预算，在预算制度上实际就奠定了“新官不理旧账”的基础，资本市场本应具备的财务负担代际分摊功能就得不到有效发挥。有专家指出，市政债是用未来的钱解决现在的问题，所以发债的钱不能只用于基础设施建设，还要解决环境方面的问题。

（三）风险外部性的有效隔离

融资机制会产生一定的外部性风险。经济学上解决外部性问题主要是通过必要的机制设计，实现外部性的内部化。城镇化融资既具有长期融资可能带来的期限错配风险，同时由于其融资主体（地方政府）的特殊性，外部性风险也更大。所以需要对地方政府进行必要的制度约束。很多专家提到，未来城镇化融资机制的安排，可以考虑借鉴破产制度或类似机制，强化地方政府的财政责任。

国际上城镇化相关领域的融资有两个趋势，一是市政债、公私合营、资产证券化等市场化融资方式逐渐成为主流，相应地，财产税等地方税以及使用者付费等项目收益逐渐成为除一般性税收之外重要的偿债资金来源；二是在更多利用市场化融资的共同趋势下，不同国家融资渠道的选择主要应以资本市场融资为主。

二、我国现行城镇化融资模式存在的弊端

历史地看，无论早期单一的财政拨款，还是目前多样化市场融资模式，其演变过程主要伴随了我国经济体制特别是财政金融体制的变迁。

目前我国城镇化融资形成的主要融资模式是“土地财政+政府融资平台负债”。因地方政府举债无门，但又承担了城市基础设施建设的责任，所以其存在具有一定合理性。近年来公司债大量发行，融资的公开性和市场约束有了增强，城市基础设施的正外部性不断显现。而且中国地方政府债务主要用于投资性而非消费性支出，政府债务增加的同时，资产也在增加，随着基础设施、投资环境的改善，地方政府所掌握的相当一部分是优质资产，这与西方国家有本质差异。

首先，在目前的事权划分体制下，一方面地方政府具有较强的融资动机，另一方面受《预算法》限制又不能直接负债，债务主体（融资平台）和资金使用主体（地方政府）脱节，相应弱化了地方政府的偿债责任，容易导致过度负债。

其次，尽管用土地未来增值收益融资在方向上并无不妥，但在利用方式上仍显单一，仅通过“招拍挂”将土地未来增值收益一次性归人当期政府，缺乏财产税、土地出租等渐近利用方式，既容易导致土地城镇化快于人口城镇化的粗放型扩张，也会助长高地价、高房价以及“新官不理旧账”等短期行为。同时土地增值收益分配也不尽合理，一方面，偿债来源过度依赖土地出让金，另一方面，失地农民社会保障等长期利益补偿还需加强。

三是财政制度特别是预算制度不健全，地方财政没有有效分离经常预算和资本预算，既难以落实偿债责任，也可能导致资本支出挤占经常性支出，不利于增强地方政府融资的财政纪律约束。四是在上述体制机制障碍制约下，融资行为不够规范和透明，融资平台多头负债、交叉担保、土地经营权重复抵押等现象时有发生。

三、新型城镇化融资机制的改革与创新

城镇化融资形式可以多样化，其中主要应该发挥政府的主导作用。但这并不意味着市场作用的放弃，在基础设施和公共服务的改善中，市场力量同样不能忽视。公私合作，借助民间力量，也可以在很大程度上缓解城镇化过程中的融资压力。当然，这应该建立在政府与市场的合理定位上，越俎代庖，只会让问题更加复杂化。市场过多地取代政府，眼前问题解决，却会给未来留下后遗症。城镇化过程中不可避免地要借助于“使用者收费”这一融资形式，但是过多地使用，也会带来问题。现实中，收费公路到处都是，其理由是充分的：贷款修路，收费还贷。但是上瘾的收费要消除谈何容易？政府也不能完全取代市场，否则无法享受到特定条件下市场效率增进的好处。

城镇化过程中，各种融资方式应该各归其位，不能偏袒任何一方。特定时期有其最适宜的融资方式，可以兼顾短期与中长期发展需要的多元化融资结构的形成至关重要。

健全新型城镇化背景下的融资机制，既要明确改革方向和目标路径，更要扎实推进相关领域的改革。学者建议未来应推动“市政债+地方税”的城镇化融资机制，用“市政债+地方税”的模式规范“土地财政+政府融资平台”，形成一个运作规范、层次多元、风险可控的城镇化融资机制。

考虑到《预算法》修改要经过一系列法律程序，财产税等地方税推广和积累也需要一个过程，短期内“地方税+市政债”机制难以一步到位，现阶段可在稳步推动新机制建立的同时，侧重扩大地方政府（包括市级政府）自主发债试点，也可按规范的市政债要求，通过改革城投债、市政项目收益资产证券化等途径，为市政建设提供资金。在扩大城市基础设施融资渠道的同时，关键是加快配套改革，增强偿债激励和偿债约束，防范潜在风险。

致力于增强地方政府的偿债激励，可将自主发债权、地方税扩权、平台贷款证券化等方式，与地方政府性债务透明度建设和风险挂钩。

加快推进公共品、土地价格形成机制改革和税制改革，引进民间资本参与城市公共设施的投资和建设，夯实城镇化融资的未来收入基础。公共服务价格改革方面，关键是要形成合理的成本补偿和盈利机制，同时有效保护低收入群体。土地价格改革需要结合土地流转制度改革同步推进，核心是破除地方政府在一级市场的垄断地位，探索包括入市交易在内的多种农村集体土地流转制度，实行城镇建设用地增加与吸纳农业转移人口落户数量挂钩的政策，推动建立合理的土地增值收益共享机制。也有专家建议，国家和政府应该发行长期国债和市政债交换农民手中的土地，用这个办法解决农村土地流转问题。税制改革方面，在赋予地方政府适当税政管理权基础上，健全和培育以财产税、资源税、环境税为主体的地方税体系。

深化财政和预算改革。重点是推进各级政府更科学地划分事权和改善预算管理制度，推动形成财力和事权相适应的政府间财政体制。事权改革方面，依据事权的外部性、信息复杂性和激励相容性，合理划分中央与地方以及省与省以下政府的支出责任。预算管理方面，重点是强化全口径预算制度，建立地方跨年度的、包括资本预算在内的全口径预算，实现经常性和资本性两类不同预算的分别编制以及收支分离，遵循债务资金应当仅限于资本性投资支出，公共债务存量的增加额不得超过净公共投资水平的“黄金规则”，并在此基础上建立城市政府资产负债表管理制度，为赋予其发债权奠定基础。

强化金融市场监管和金融生态环境建设。统一债券市场监管标准，完善多层次股权融资市场。加强地方政府信息披露监管，引入独立第三方评估地方政府信用。通过税收等政策支持鼓励市政债投资者本地化、居民化，让居民对当地信息更加了解，可以对地方政府发债冲动进行约束。

第七章　新型城镇化的金融支持路径（上）：开发性金融视角

开发性金融是指国家或国家联合体通过建立具有国家信用的金融机构，为特定需求者提供中长期融资，同时以建设市场和健全制度的方式，推动市场主体的发展和自身业务的发展，从而实现政府目标的一种金融形式。多年来，在“政府热点、雪中送炭、规划先行、信用建设、融资推动”的开发性金融理念指导下，国家开发银行通过大力推动市场建设、信用建设和制度建设，在支持城镇化全面发展的同时，积极促进城镇化发展投融资体制的建立完善，逐步改善和提高了基层金融生态，探索了以规划先行、机制建设为先导，以“基础设施建设、产业发展和富民增收”统筹发展为路径的城镇化科学发展的“开发模式”。

第一节　开发性金融运行机理

一、资金来源

国家开发银行（以下简称“国开行”）是 1994 年由国务院批准成立的三家政策性银行之一，自成立以来，就采用发行本外币债券的方式筹集资金。在实践过程中，国家开发银行不断创新和发展金融债券的发行方式和方法。特别是 1998 年以来，国开行改变了成立初期依靠行政派购筹集资金的“计划体制”方式，探索通过市场化方式，充分运用“国家信用证券化”原理，获得大额、长期、稳定的资金来源，一方面弥补了我国“两基一支”“社会瓶颈”“走出去”等诸多领域重点项目建设资金的不足，另一方面以不停顿的创新推动我国以债券为主要形式的市场建设和制度建设，有效破解了长期以来我国经济快速发展所需要的大额、长期资金和融资体制相对落后，资金供给与需求不匹配之间的矛盾。

（一）债券发行和创新的基本情况

1．开发性金融债券发行方式创新

1998 年以前，在政策“特许”和行政协调下，国开行首先通过“行政派购”方式向商业银行、邮储等机构发行债券。1994 年至 1997 年的 4 年时间里，国开行通过“行政派购”方式发行的金融债券累计仅为 3592 亿元，既难以满足国开行业务快速发展的需要，又与投资人之间存在尖锐矛盾。实践证明，“行政派购”非市场化发行债券，难以长久维系。

1998 年以后，国开行提出了“在市场环境下，银行框架内”政策性金融的运行方式，强调转变资金筹集方式，通过“国家信用证券化”，充分体现资本市场筹资的高效率。由此，国开行确立了以“市场化招标”方式发行金融债券的改革方向。

实践证明，“市场化招标”发债方式不仅为国开行开辟了稳定的资金来源渠道，截至 2017 年 6 月，国开行人民币债券累计发行量超过 14 万亿元，存量 7.5 万亿元，还推动完善了我国债券发行的市场体系，促进了我国融资体制改革的深入并取得了实质性突破。

2．开发性金融债券的品种创新

为适应金融市场环境的不断变化，国开行不断创新金融债券发行的品种，为自身业务发展开辟了大额、长期、稳定、低成本的资金来源。作为中国债券市场的第二大发行主体，国开行的实践还带动了债券市场上其他系列创新活动，推动了我国债券市场深度和广度的不断发展。

在过去的十多年里，国开行先后推出了长期浮动利率债券、20 年期、30 年期长期固定利率债券、投资人选择权债券、发行人选择权债券、本息分离债券、增发债券、新型浮动利率债券、含利率掉期期权债券、境内美元债、次级债、资产支持证券等。开发性金融债券的创新实践促使存量债券的发行期限结构和剩余期限结构等数据越来越趋于优化，使得负债与资产结构更好地匹配起来。

（二）开发性金融债券发行和创新成功的方式方法和原理

国开行创造了中国金融债券市场上诸多个“第一”，显示了国开行开发性金融债券产品的创新能力，同时形成了“债券发行创新—经营业绩提升—债券偿还顺畅—市场信誉增加—债券再发行扩大”的良性循环。

如果从理论和政策视角观察，开发性金融债券成功发行和创新的运行机理可以概括为三个重要支柱共同作用的结果，一是充分运用和发挥国家信用证券化原理，二是充分运用和提升机构信用原理，三是培育和提升市场配置资源能力原理。国开行通过成功运用这三大支柱的有机组合，完成了开发性金融机构的资金来源从“输血式”到“造血式”的根本转变，进而为转型国家跨越式发展的资金筹集积累了宝贵的实践经验，提供了重要的理论依据。

一般而言，国家信用对金融机构的作用包括三个方面的基本内涵，即政府注资（国家直接信用）、政府协调（国家间接信用）和金融特许（国家特许信用）。从政策性含量考察，国际上大多数政策性金融都经历过高、中、低三个发展阶段。国开行从成立至今，也经历过或正在经历着高政策性、高政策性句中政策性过渡和中政策性向低政策性过渡三个发展阶段。

1. 高政策性阶段政策性金融的债券发行

这一阶段，国开行的负债业务高度依赖中央银行。中国人民银行动用邮政储蓄资金购头政策性银行债券，同时向商业银行和农村信用社摊派债券认购指标。利率、期限全部由行政方式确定，期限的错配使得“借短放长”矛盾突出，利率的扭曲又使得投资人无利可图。特别是国开行要求债券利率随中国人民银行降息一同调减，固定利率债券实际成为浮动利率债券，加大了国开行与商业银行之间的利益冲突。

2. 从高政策性向中政策性过渡阶段的债券发行

1998 年的亚洲金融危机对中国银行业发出了警示，我国银行间债券市场应运而生，国开行抓住机遇，将债券发行转向市场，积极争取政府的相关政策配套支持，包括用双轨制过渡政策为债券市场化发行保驾护航；用公开市场业务提高债券发行的流动性；用规范性文件保障这一改革探索的合法性；用二级市场流动性促进一级市场建设，并通过提升中介服务机构能力为市场化筹资提供平台服务。积极探索金融债券发行品种的创新同样重要，如国开行获准发行具有次级债券属性的新品种，为国开行补充资本金探索了新路，也为中国次级债券市场的发展奠定了重要基础。这种探索和创新反映了国开行在对国家直接信用的占用保持一个定量的情况下，依靠国家的源发性信用获得了辅助性资本，继续保持了债券的逐步增发和信用的稳定提高，国家信用的杠杆作用通过市场化运行下的金融特许得到了有效发挥和放大。

3. 从中政策性向低政策性过渡阶段的债券发行

根据我国金融业改革和发展的总体部署，在国家对国开行等国有金融机构补充国家直接信用资源、启动股份制改造后，国开行及类似的金融机构建立稳定的筹集经营性和资本性资金的运行机制需要三个基本条件：一是高效运行的资本市场，投资人可以准确地判断资金需求方跨经济周期的资金发展规划，并给其相对应的市场定价；二是与业务发展和实际需求相一致的经营特许，使资金需求方有更多的方法规避大额长期资金运用方面的风险；三是良好的公司内部治理，国开行在大量金融实践中为创造上述三个基本条件做了必要的准备，并正在加速推进相关领域的改革和发展。

二、运行机制

开发性金融坚持“政府入口、金融孵化、市场出口”运营机制，用市场方法实现政府目标，既支持发展又防范风险，有助于经济社会可持续发展。开发性金融在实践过程中，有一个明确的指导思想，这就是“政府热点、雪中送炭、规划先行、信用建设、融资推动”。政府热点，是把经济社会发展的热点难点作为开发性金融工作重点，既包括物质瓶颈，也包括体制、社会和市场发展瓶颈；雪中送炭，是指开发性金融想政府之所想，急政府之所急，力图用市场方法打通融资渠道，支持政府实现发展目标；规划先行，是指深刻把握规划引领发展的内在规律，加强区域规划、产业规划、社会规划、市场规划，以及相对应的融资规划，有效推进“五个统筹”（即统筹城乡发展、统筹区域发展、统筹经济社会发展、统筹人与自然和谐发展、统筹国内发展和对外开放）；信用建设，是指开发性金融将信用建设贯穿于项目开发、评审、贷款发放、本息回收等信贷全过程和业务所及领域，大力推动信用体制建设。防范金融风险，确保资产质量；融资推动，是指开发性金融通过逐笔贷款作为载体，推动法人建设、信用建设、现金流建设和项目建设，以优质资产和资金良性循环为基础，实现比以往贷款更大规模和更大效率的融资服务支持。为了体现和贯彻这一指导思想，开行在不断总结经验的基础上形成了“政府入口、金融孵化、市场出口”运行机制。这个机制二阶段环环紧扣，是一个有机的整体。

（一）政府入口

开发性金融所说的政府入口，是指开发性金融把与政府合作作为工作的切入点，发挥政府的组织优势，加快推动市场信用体制建设。一是，围绕国家战略主线，把国家发展目标作为开发性金融的工作基础，充分理解和掌握政府推动经济发展的总体思路，确立中长期业务方向，并且不断校正开发性金融的着力点，避免迷失在汪洋大海的市场竞争之中。二是，把政府重大战略性项目作为开发性金融的工作重点，以全面细致的工作态度及时提供各种服务，确保给予关键力量支持，为国家发展创造核心竞争力。三是，把政府热点难点问题作为开发性金融的核心支持领域，以突破这些领域瓶颈制约作为着力点，发挥事半功倍的效果，体现开发性金融的社会责任。四是，把政府信用作为开发性金融的生存发展之道，充分利用和维护好政府信用，为开发性金融创造良好内外条件。经济社会发展需要政府发挥重要作用，作为最熟悉地区经济社会发展情况的行政机构，往往掌握有大量的信息、宝贵的资源、待建的项目和各方面的人才等。政府信用能力还直接反映在财政的支付能力，特别是中国财政预算的刚性特点，可以成为对偿债现金流的直接杠杆。五是，将政府规划和开行规划纳入融资平台信用体制建设，充分发挥人大在规划制定和融资发展方面的决定权、监督权和评价权，确保规划在中长期发展过程中的科学性和有效性。开发性金融与政府合作就是要把双方的优势结合起来，发挥特有优势推动工作，实现国家发展战略目标。

（二）金融孵化

开发性金融所说的金融孵化，指开发性金融主动介入原本存在体制缺损和市场失灵的融资空白领域，大力培育健康的市场主体，推动市场信用体制建设。开发性金融坚持要求市场主体必须按市场信用体制建设规范和办法，完善法人、现金流、信用和项目四大建设，承诺应尽责任和义务，才可以获得贷款和融资服务。开发性金融通过这种办法融资推动信用体制建设，最后形成符合商业化运行规范和金融风险管理要求的成熟项目和市场制度，共同防范金融风险。

表 7-1　开发性金融孵化过程

阶段 指标	法人建设	现金流建设	信用建设	项目建设
1	政府协调；单纯融资窗口；下辖若干项目业主；未建立法人治理结构	自身无现金流，依靠政府补贴	完全政府信用	采用项目代建制；确立管理规范；加强项目筛选能力；培育规划制定能力
2	能够按企业运作；建立初级法人治理结构；收支流量平衡法人	政府补贴部分转为企业现金流	部分市场信用；政府差额信用兜底	政策保障项目建设资源调动能力；归口各项政府信用资源
3	独立市场主体；完善企业法人治理结构；资产负债表平衡法人	自身有较大现金流来源	市场信用为主；政府组织增信	形成控股型集团企业；强化项目运营能力；采取多种风险防控措施
4	建立现代企业制度；上市公司规范公司治理	基本形成可持续现金流	完全市场信用	成为面向多领域的控股集团企业；按原则实施项目融资

在法人建设方面，核心问题是培育和建立现代企业制度。开发性金融强调，法人建设必须通过建立和完善法人治理结构，以流动性平衡作为手段和切入点，把收支流量平衡的法人孵化成资产负债表平衡的法人，培育具有上市公司规范的

公司治理能力，最终建立现代企业制度。法人治理结构建设涵盖广泛，包括管理层组织架构、项目决策机制、与政府项目协调机制、信用资源归集机制、财务管理规范机制，等等。

在现金流建设方面，关键要素是确保建设资金相对均衡。开发性金融强调，现金流建设必须根据中长期战略发展目标，按项目现金流从少到多、从不稳定到稳定的特征，采取对应的方法增加项目现金流来源。在项目建设前期通过合理的资金安排，确保项目建设到运营的整体周期内保持一个相对均衡的现金流入流出，避免出现现金流短缺风险。

在信用建设方面，最重要的是发挥政府组织优势。开发性金融强调，信用建设是制度建设和市场建设的最高等级，是一个从国家信用、开发性金融信用、地方政府信用到基层社会信用各方面共同孵化、培育和建设企业信用（或个人信用）的过程。

在项目建设力，最关键的是建立项目开发机制。开发性金融强调，项目建设是指将初期并不符合商业融资规范的项目，通过采用开发性金融的培育方法，在建立各种风险防范和分组措施基础上，形成一个符合商业融资规范的建设项目。这是一套自成体系的运行管理过程。

综上所述，开发性金融孵化过程中的法人、现金流、信用和项目四大建设是一个按照时空转换原则逐步演进和发展的有机统一体，互为影响、共生共荣。其中，法人建设是载体，通过融资孵化，建立治理结构合理的法人；现金流建设是基础，确保融资过程和投入产出的可持续循环；信用建设是核心，从思想和组织上为开发性金融孵化搭建起一张有效的风险防控网，也为市场出口创造基本条件；项目建设是落脚点，推动企业建立一个好的项目开发管理过程，体现法人、现金流和信用基础各方面的良好内在品质。总之，开发性金融把自身的融资优势与政府的组织优势结合起来，推动国家信用、银行信用、地方政府信用转化为企业信用。

（三）市场出口

开发性金融所说市场出口，指开发性金融不仅仅按项目成熟周期安排资金回收，还主要通过培育成熟健康的市场主体，通过市场运作适时回收资金，支持新的项目和领域。开发性金融根据形势变化，对战略信用空间作一定调整，建立有效的退出机制，有进有退，体现开发性金融建设市场和建设制度的功能。政府入口、开发性金融孵化，最终都要落脚到市场出口上，没有一个好的退出战略和机制，就只能是一潭死水，没有生命力。开发性金融上游是敞开的，下游如果没有出口，就可能不平衡，就可能失信于政府，失信于民。因此，在市场出口方面，开发性金融需要从战略和战术两个层面进行考虑。战略退出在于从宏观角度探寻政府背景融资项目的社会化、市场化和金融化，这是一个动态的过程，不断演变发展。战术退出具体表现为使用金融市场各种成熟的渠道和创新的工具。在这里，市场概念相对宽泛，不仅包括有形的各种金融市场，还涵盖那些尚未得到关注或未发展成型的领域。

三、治理结构

（一）开发性金融治理结构的特殊性

开发性金融的特殊性决定了其治理结构的特殊性。开发性金融最大的特殊性，是由其承担国家中长期基础建设融资和风险管理的特殊任务决定的。从这个意义上说，开发性金融治理模式属于公共治理的范畴。开发性金融机构是国家所有的、具有国家信用的、由国家赋权经营的特殊金融实体，其实质是政府以市场化手段实现战略目标的工具，主要是为国家中长期基础建设包括基础设施、基础产业等公共事业提供融资服务，为落实国家“走出去”战略服务。作为一个特殊的金融企业，既要按照政府的要求，在一些不成熟的又必须支持的领域提供融资服务，又要实现良性循环，以自身的可持续发展支持国家中长期发展。这与商业银行以盈利为目标开展业务活动具有很大不同，与政策性银行比较单纯的从事政策性融资服务也有很大不同。因此开发性金融治理结构有一定的特殊性，既要参考一般公司或银行的治理模式，又要充分考虑其职能的特殊性，在具有一般公司治理模式、一般商业银行治理模式、一般政策性银行治理模式的基础上，形成反映开发性金融特点的治理模式。

（二）开发性金融治理结构的改革构想

考虑到开发性金融的特殊性和基本理念，以及业界对开发性金融的基本要求，开发性金融治理改革的基本构想应该表现为三个方面：一条主线、二个中心、三大体系、四大特征、开放结构。

一条主线：以服务国家中长期发展战略为业务主线，发挥开发性金融特有优势，统筹国内国际两个市场，建立有效工作机制，筹配国家发展战略资源，为金融安全、经济安全和国家安全服务。

二个中心：以国内、国际的战略客户和战略项目为中心，强化客户关系管理和战略合作，改进银行治理，夯实开发性金融发展基础。稳定重要客户是一流经营业绩的基本保障，对银行信贷资产质量和经营业绩影响重大。没有客户和项目，银行就成为无源之水、无本之木。特别是客户的价值随着寿命的延长而增加，保持良好的客户关系，建立重要客户与开发性金融共生存、共发展的有机联系，是开发性金融的一项长期战略任务。

三大体系：设立业务拓展、风险控制和支持保障三类部门系统。一是根据客户群划分相应的业务部门，形成一个业务部门针对一组客户群的业务拓展系统，作为整体业务流程的前台，直接为客户提供服务。二是从控制风险的角度考虑，建立行内行外相结合的、业务部门与综合管理部门相结合的风险管理体系。主动与监管部门、地方政府和社会各界建立联合监督机制，形成监管互动。行内党务、稽核等部门与业务部门从不同的角度对可能存在的风险进行事前、事中、事后控制。同时，在全行树立全面风险管理理念，落实巴塞尔协议相关要求。

四大特征；内部组织结构体现“扁平化、柔性化、外包化和专业化”。第一，扁平化，即减少中间层次，扩大管理的控制跨度，促进信息的传递与沟通。第二，柔性化，是指具备对变化快速反应，以及适时根据变化的结果迅速进行调整的灵活性和协调性。以客户需求和重点业务为基础组建相应的工作团队，突破职能部门和等级制度的局限，将具备不同专长的人才进行高效的配置，通过知识的碰撞和观念的融合，解决诸如金融产品研发、大型项目营销等各类复杂问题。为了对外部变化实现快速反应，必要时可及时调整相关团队以保持竞争优势。第三，外包化，是指借助社会的力量，通过专业培训等指导，以契约化的形式，将开行的某些业务延伸到社会，实现内部功能的外部化，保留核心价值，将价值链中的某些环节拓展到外部，增加价值递增的空间和功效，降低交易成本，提高运营效率，服务社会。第四，专业化，体现专家银行的特征。在队伍建设和机构设置上以提供专业服务为核心，根据业务需要定岗、定机构，同时，在各部门之间实现既分工又协作的有机结合。

开放结构：以业务为导向，在事业部基础上建立矩阵式开放结构。随着银行规模的增大和业务的多元化，组织形态也要做出相应调整，事业部制可能是比较适当的一种方式。按开发性金融所经营的业务划分部门，即按产品、按地区或按顾客等，设立若干事业部。事业部制与总分行制相结合，形成事业部纵向管理、地区分行横向协调的矩阵式结构。开行还要借助社会各界力量，以“四台一会”（组织平台、融资平台、担保平台、公示监督平台和信用协会）组织架构为基础，延伸开发性金融的基层网络，形成开放体制。

第二节　城镇化中的开发性金融实践

一、开发性金融推动城镇化发展的实践历程

从国际经验上看，欧美发达国家对城镇化建设的融资很大程度上依赖于发达的资本市场，而我国资本市场不发达，财政融资有限，因此目前城镇化建设的主要支持力量是信贷融资。但由于这个领域贷款需求大、建设期限长、风险集中等原因，大多数金融机构不愿意进入，存在明显的融资瓶颈制约。开行本着“增强国力、改善民生”的办行宗旨，积极贯彻落实国家推进城镇化发展的策略，创新思路，积极探索，大力支持，为中国城镇化建设作出了积极贡献。

（一）起步阶段（1998—2000年）

国开行成立之初，主要以支持城市基础设施、基础产业和支柱产业等“两基一支”领域为主，对城镇化的支持尚未形成规模。从1998年开始，国开行尝试对城镇化建设进行支持，与地方政府共同对“银政合作”模式进行了探索创新，找到了一条符合当时条件的改善城镇基础设施陈旧状况、提高建设效能的新途径，推动了城镇化建设的加快发展。例如，1998年国开行与安徽省芜湖市进行合作，创建了“芜湖模式”，累计发放贷款46亿元，不仅加快了芜湖市道路桥梁、供水管网、防洪设施、生活垃圾处理等项目建设，使得城市面貌焕然一新，而且带动当地财政预算内外收入增长7个百分点，使得政府拥有了更多的资金投入经济建设和社会发展，同时吸引了大量社会资金，形成了资金的市场化出口和良性循环，实现了银政双赢。这个模式后来在全国推广，在我国城镇化进程中发挥了重要的示范带动作用。

（二）快速发展阶段（2000—2006年）

从2000年开始，国开行支持城镇化建设的基础设施领域覆盖到全国所有地级市（州、区）以及东部沿海地区经济发达的县级市，支持力度持续加大。国开行已经成为我国城镇化建设过程中基础设施建设领域的主力银行，各商业银行也开始进入城建领域，极大促进了我国城镇化的发展。与此同时，国开行进一步创新城镇基础设施建设的融资模式，以开发性金融理论探索支持中国城镇化发展的有效路径，走出了一条“政府人口、开发性金融孵化、市场出口”的建设之路。2005年开行和天津市政府按照统筹城乡、布局合理、节约土地、功能完善、以大带小的原则，在东丽区华明镇设计实施了“以宅基地换房”建设新型小城镇的模式。按照“承包责任制不变，可耕种土地不减，尊重农民自愿，以宅基地换房”的原则，通过政府组织增信，积极探索并建立和完善了小城镇建设投融资体制，将银行的中长期贷款引入小城镇开发建设中，推动了区域信用建设，形成了小城镇建设“借、用、管、还”的一整套市场化运作方式，探索解决城镇化进程中农业、农民、农村问题的新途径。通过该阶段融资模式的创新，国开行在城镇化建设领域进一步发挥了引导和带动作用。

（三）全面发展阶段（2006 年至今）

2006 年，中央 1 号文件明确提出“国家开发银行要支持农村基础设施建设和农业资源开发”，据此，国开行提出开发性金融覆盖县域的发展战略，全面推进实施“六项覆盖、八项前移”的举措，将“宣介、规划、协议、信用、资金、机构”六项工作覆盖到县，把“业务推动、资金筹集、风险控制、开发评审、项目审批、贷款管理、稽核审计监察、后台保障”八项职能前移到县。通过“十一五”期间的艰苦探索，开行将融资服务优势与政府组织协调优势紧密结合，充分培育、依托县域和农村的担保公司、投融资公司、龙头企业、农民专业合作社等各类专业化、市场化主体，通过统一共识、凝聚力量、整合资源，建立“政府支持、合作机构分担、客户互保”等社会化风险补偿体系，不仅成功将“两基一支”领域中的成功经验延伸到县域、农村，而且探索了开行基层金融业务社会化发展道路，业务领域覆盖新农村建设贷款、中小企业贷款、助学贷款、中低收入家庭住房建设贷款等城镇化发展的各个方面，开行基层金融业务从小到大，从弱到强，支持城镇化建设进入了新的发展时期。

二、开发性金融支持城镇化建设的模式和成效

截至 2016 年 12 月末，国开行累计发放城镇化贷款约 10 万亿元人民币。2016 年发放 1.59 万亿，将开发性金融服务延伸到全国 31 个省（市、自治区）、399 个地级市（州、区）、1000 多个县市的城镇化建设中，全方位支持了我国城镇化发展并取得了显著成效。

（一）加强市场建设，创新融资模式，推动城镇化科学发展

国开行坚持用建设市场的方式，以融资为杠杆，利用政府组织优势，着力对

城镇化建设项目法人孵化、考核、培育、完善，塑造合格的市场主体，引导社会资本投入，发挥开发性金融的种子资金作用。在合规使用建设—移交（BT）、委托代建等模式的同时，大力支持以投资补助、建设—经营—转让（BOT）等方式参与政府投资项目，促进政府和投资方共同分担风险、共享收益，增强持续融资能力，加快基础设施建设。

（二）大力支持县域水电路气房等基础设施建设，推动城镇化稳步发展

基础设施是城镇化建设的重要内容，也是城镇化建设的主要载体和基础。截至 2015 年 12 月末，国开行城市建设贷款余额 11239.4 亿元（其中市政基础设施建设行业贷款余额 8599 亿元），当年累计发放市政基础设施贷款 1077 亿元。与住建部签署《共同推动城市地下综合管廊建设战略合作协议》，贷款授信额约 271 亿元人民币支持城市地下综合管廊建设。

（三）以人为本，支持提高教育卫生文化等社会事业发展水平，推动城镇化和谐发展

国开行支持城镇化发展的出发点和最终落脚点是保障和改善民生，促进人的全面发展。为解决城镇化过程中贫困学生的上学难问题，国开行主动承担社会责任，以“河南模式”为突破点，高校和生源地两种助学贷款业务齐头并进，截至 2018 年 12 月，国开行助学贷款累计支持学生突破 2600 万人次、1200 万人，累计贷款发放额超过 1600 亿元，占全国助学贷款的 70%份额，贷款范围覆盖全国 24 个省（市、自治区）、1556 个区县、2452 所高校。

（四）探索开发性金融支持中小企业发展富民增收的有效模式，推动城镇化健康可持续发展

城镇化可持续发展关键要建立可持续发展的产业和能带动农户增收的有效发展模式。为此，开行以建立“人人享有平等融资权”的金融普惠体系为目标，创

新了以“组织平台、融资平台、担保平台、公示平台和信用协会”为基本构架的“四台一会”模式，批发、批量支持城镇化发展中的县域加工业、服务业和农村中小企业发展以及农户致富增收，以批发的方式解决零售问题，用统一的标准模式解决千家万户的共性问题。

三、开发性金融支持城镇化建设的发展方向

（一）系统编制融资规划，做好顶层设计，提高城镇化建设质量和水平

《国家新型城镇化规划（2014—2020 年）》指出，金融机构应在国家和地方城镇化规划的基础上统筹考虑各地的发展条件、政府负债、资金供给等因素，编制配套融资规划，并突出中西部地区基础设施产城结合，城乡一体化，保障性安居工程等服务重点，落实资金保障，推进金融创新，增强城镇化融资的可操作性和可持续性。要统筹考虑经济、社会、文化、生态等各个方面，主动加强与各地的规划合作，促进城市建设和管理的科学化水平。特别是积极推动融资规划，对金融、财税、土地等各类资源和资产进行整合，制定多元化融资方案，保证了规划向项目的转化和落地实施。

（二）立足市场定位，继续发挥中长期投融资主力银行的优势和作用

作为开发性金融机构的国家开发银行是我国中长期投融资领域主力，“二十字方针”，即“政府热点、雪中送炭、规划先行、信用建设、融资推动”，是开发性金融原理落实到工作中的具体体现，也是开发性金融与其他金融形态的重要区别。

（三）化机制建设，做实做强地方投融资主体

城镇化的长期可持续发展需要持续的资金、人力、物力注入，要满足城镇化的巨大金融需求，单靠哪一个方面都难以缓解城镇化进程中的资金供求矛盾。开发银行将充分发挥开发性金融搭桥和铺路的先导性作用，以金融社会化理念整合

政府、市场、金融、企业和社会各方资源，主动深入开展机制建设，以开发性金融的“种子”资金完善融资秩序、改善金融生态，引导更多商业性金融和社会资金投入，合力推进城镇化建设。其中将重点加大对“三农”和中小企业等瓶颈领域的先导性资金投入，为商业性资金的流人奠定市场和信用基础，促进实现信贷资金与社会资源的有效结合，从而解决城镇化过程中的城乡统筹发展、集约发展以及和谐发展等问题。

（四）坚持金融创新，完善开发性金融支持城镇化的运作模式

在金融支持城镇化发展中继续坚持开发银行定位，坚持以规划先行和机制建设为特色的基层金融业务发展之路。同时将充分发挥“投、贷、债、租、证”综合金融服务优势，将投贷结合、金融租赁、资本市场融资服务的成功经验进一步推广到城镇化建设中去，在城镇化发展中投融资主体、融资模式和方法、信用体系建设等重点和难点问题上加强创新实践，进一步丰富和创新支持城镇化发展的金融产品和服务，进一步完善开发性金融支持城镇化发展的运作模式，为我国城镇化健康发展做出新的更大贡献。

（五）积极防控风险，提高新型城镇化的可持续发展能力

积极支持和配合各部门推动建立规范的地方政府举债融资机制，配合地方编制和改善省级政府资产负债表，加强对地方债务总量及风险的动态监测，从源头上控制风险。加大对借款法人的规范建设，强化对信贷资产的动态管理和社会监督，实现支持建设和防范风险的有机统一，提高新型城镇化的可持续发展能力。

第三节　开发性金融推动新型城镇化建设的实证分析

一、城镇化水平的定量指标分析

城镇化水平是一个国家或地区经济社会发展进步的主要反映和重要标志，是

人口、地域、社会经济组织形式和生产生活方式由传统乡村型社会向现代城市社会转型的多方面内容综合统一的过程。目前，城镇化的判别指标归纳起来有两大类：一类是综合指标法；另一类是单一指标法。综合指标法常用的有指数体系法等，该方法统计信息较全面，但资料难搜集，很多指标无法量化，运用较困难。单指标法又称主要指标法，主要有人口比重指标法等，它具有较强的适用性。本研究回归模型中所用的城镇化水平数据主要采用2006—2016年全国及各省、自治区、直辖市统计年鉴的资料数据，利用城镇人口比重指标法选取城镇化率。

二、城镇化率与国开行城镇化贷款的相关性分析

近十年来，中国的城镇化率增加显著，从2006年底的44.30%上升至2016年底的57.40%。与此同时，截至2016年底，国开行的城镇化贷款余额10万亿元，占同期人民币贷款余额的72%；累计发放贷款约26万亿元，占人民币贷款累计发放的61%。其中，开行城镇化贷款余额由2006年底的3.2万亿元增加到2016年底的10万亿元，年均增长超过20%。通过分析，可以看出，国开行城镇化贷款余额与中国城镇化率呈显著正相关关系，相关系数高达92.45%。开发性金融通过提供长期稳定的资金来源，筹集和引导社会资金参与城镇化建设，在城镇化进程中真正发挥了开发性和引领性的重要作用。

三、国开行城镇化贷款推动我国城镇化建设的实证分析

为解决样本容量不足，减少解释变量多重共线性的可能性，及综合考虑变量个体动态变化和个体差异特征，本研究选用面板数据模型。由于影响因变量（城镇化率）的非观测因素与解释变量相关，故采用固定效应模型较合适考虑数据的可获得性，采用2006—2016年全国31个省、自治区直辖市的城镇化率、国开行城镇化贷款等数据，通过建立如下面板模型，分析国开行城镇化贷款对城镇化水平的贡献和影响。为了消除变量自相关和考虑变化率等问题，对各变量均取对数形式。

$$\ln ur_{i,t}=\beta_0+\beta_1\ln ul_{i,t}+\alpha_i d_i+u_{i,t}\quad (i=1，2，3…，31；t=1，2，3…，11)$$

其中，*ur* 为 31 个省、自治区、直辖市的城镇化率，单位为%；*ul* 为 31 个省、自治区、直辖市的国开行城镇化贷款额，单位为万亿元。该模型的建立描述了国开行城镇化贷款与城镇化率的线性关系。

通过对城镇化率的对数值和国开行城建贷款额的对数值分别做单位根检验，结果如表 7-2 所示，均不存在单位根，为平稳数列。

表 7-2　城镇化率和国开行城建贷款数列的单位根检验结果

Null：Unit root			
Log（ur）			
Method	Statistic Prob.	Cross-section	Obs.
Levin，Lin&Chut	-3.97909	0.0000	31（238）
Log（ul）			
Levin，Lin&Chut	-8.47973	0.0000	31（222）

通过建立个体固定效应模型，涉及观测值 257 个，得到 31 个省自治区、直辖市城镇化贷款的总体回归方程，即

$$\ln ur_{i,t}=\underset{(132.249)}{4.362}+\underset{(31.332)}{0.1489}\ln ul_{i,t}+0.6765d_1+0.4933d_2-0.2132d_3+\ldots-0.1969d_{31}$$

$$Adjusted\ \ R^2=0.963$$

回归结果说明，国开行的城镇化贷款与城镇化水平存在很强的正相关性，城镇化率随国开行城镇化贷款增加而增大，国开行城镇化贷款增加 1%，城镇化率的变动率增长 0.149%。模型的调整 R^2 达到 0.963，F 统计量为 342.635，模型拟合程度良好。由于截距项的不同，各省、自治区、直辖市的自发性城镇化率不同。利用回归结果，得到 31 个省、自治区、直辖市的变截距项系数，结果的数值大小按升序排列，见表 7-3。

表 7-3　国开行城镇化贷款与城镇化率回归结果中的变截距项系数

序号	省份	变截距项系数	序号	省份	变截距项系数
1	广西	-0.5280	17	青海	0.0615
2	贵州	-0.4565	18	辽宁	0.0638

续表

序号	省份	变截距项系数	序号	省份	变截距项系数
3	甘肃	−0.3842	19	福建	0.0604
4	云南	−0.3249	20	江苏	0.0677
5	安徽	−0.3133	21	海南	0.0739
6	河南	−0.3024	22	吉林	0.0972
7	山西	−0.2931	23	重庆	0.1490
8	湖南	−0.2866	24	内蒙古	0.1502
9	河北	−0.2130	25	浙江	0.1582
10	西藏	−0.2048	26	天津	0.1673
11	江西	−0.1967	27	广东	0.1882
12	湖北	−0.1342	28	宁夏	0.2148
13	新疆	−0.1174	29	黑龙江	0.3629
14	陕西	−0.0833	30	上海	0.4931
15	山东	−0.0541	31	北京	0.6765
16	青海	−0.0326			

四、开发性金融支持城镇化效果的地区差异分析

东部地区包括北京市、天津市、河北省、辽宁省、上海市、江苏省、浙江省、福建省、山东省、广东省和海南省共 11 个省（自治区、直辖市）；中部地区包括山西省、吉林省、黑龙江省、安徽省、江西省、河南省、湖北省、湖南省共 8 个省（自治区、直辖市）；西部地区包括内蒙古自治区、广西壮族自治区、重庆市、四川省、贵州省、云南省、西藏自治区、陕西省、甘肃省、青海省、宁夏回族自治区、新疆维吾尔自治区共 12 个省（自治区、直辖市）。

考虑各省、自治区、直辖市的城镇化率（$ur_{i,t}$）为被解释变量，开行的城建贷款（$ul_{i,t}$）为解释变量，把其他因素都纳入到随机扰动项（$u_{i,t}$）中，选用 2006—2016 年的年度数据，运用面板数据固定效应模型单独考虑国开行城镇化贷款对东、中、西部地区城镇化率的影响和差异分析。

（一）东部地区 11 个省（自治区、直辖市）的回归结果如下：

$$\ln ur_{i,t} = \underset{(83.172)}{4.4963} + \underset{(18.266)}{0.1364} \ln ul_{i,t} + 0.644d_1 + 0.579d_2 + 0.448d_3 + \ldots - 0.255d_{11}$$

$$(i = 11; t = 1,2,3,\ldots,11)$$

$$Adjusted\ R^2 = 0.982 \qquad F = 461.626$$

东部地区，城镇化率与国开行城镇化贷款显著正相关，国开行城镇化贷款增加 1%，城镇化率的变动率增加 0.136%。通过回归分析得到东部地区变截距项系数，结果数值大小按升序排列，见表 7-4。

表 7-4　东部地区国开行城镇化贷款与城镇化率回归的变截距项系数

序号	省份	变截距项系数
1	山东	-0.2783
2	海南	-0.2552
3	福建	-0.1325
4	江苏	-0.1026
5	辽宁	-0.096
6	浙江	0.0198
7	广东	0.2572
8	上海	0.3684
9	河北	0.4481
10	天津	0.5793
11	北京	0.6442

（二）中部地区 8 个省（自治区、直辖市）的回归结果如下：

$$\ln ur_{i,t} = \underset{(74.372)}{4.5524} + \underset{(24.259)}{0.1538} \ln ul_{i,t} + 0.834d_1 + 0.679d_2 + 0.528d_3 + \ldots - 0.159d_8$$

$$Adjusted\ R^2 = 0.995 \qquad F = 248.314$$

回归结果显示，在中部地区，城镇化率与国开行的城镇化贷款显著正相关，国开行城镇化贷款增加 1%，城镇化率的变动率增加 0.154%。回归分析得到中部地区变截距项系数，结果数值大小按升序排列，见表 7-5。

表 7-5　中部地区国开行城建贷款与城镇化率回归的变截距项系数

序号	省份	变截距项系数
1	河南	-0.2832
2	安徽	-0.2553

续表

序号	省份	变截距项系数
3	湖南	−0.1375
4	湖北	−0.1243
5	江西	0.3027
6	黑龙江	0.5281
7	吉林	0.6794
8	山西	0.8342

（三）西部地区 12 个省（自治区、直辖市）的回归结果如下

$$\ln ur_{i,t} = \underset{(82.166)}{4.434} + \underset{(16.377)}{0.1762} \ln ul_{i,t} + 0.683d_1 - 0.283d_2 + 0.468d_3 + \ldots + 0.258d_{12}$$

$$Adjusted\ R^2 = 0.934 \quad F = 137.822$$

回归结果显示，在西部地区，城镇化率与国开行城镇化贷款显著正相关，国开行城镇化贷款增加 1%，城镇化率的变动率增加 0.176%。回归分析得到西部地区变截距项系数，结果的数值大小按升序排列，见表 7–6。

表 7–6　西部地区国开行城镇化贷款与城镇化率回归的变截距项系数

序号	省份	变截距项系数
1	广西	−0.2832
2	贵州	−0.2689
3	云南	−0.1915
4	四川	−0.1622
5	甘肃	−0.1187
6	陕西	0.0112
7	西藏	0.2327
8	新疆	0.2584
9	重庆	0.4679
10	宁夏	0.5874
11	青海	0.6552
12	内蒙古	0.6831

综合以上东、中、西部三个地区的分析，可以得出以下结论：

（1）我国东、中、西各地区的城镇化水平在2006年至2016年均呈上升趋势；我国城镇化水平呈现东、中、西部地区依次降低的现象，东部地区远高于中西部地区。

（2）国开行城镇化贷款与城镇化率呈正相关关系，并且开发性金融对我国城镇化发展的带动性在东、中、西部各地区存在差异。在中、西部地区，国开行城镇化贷款对城镇化的带动性显著高于东部地区，中部地区的带动性高于西部地区。国开行的城镇化贷款增加1%，则城镇化率的变动率在东、中、西部地区分别增加0.136%、0.154%、0.176%。其原因在于，东部地区本身城镇化水平较高、融资渠道多，而中、西部地区城镇化水平相对较低，金融发展程度相对较低，融资渠道相对较少，故开发性金融对城镇化的带动作用存在较显著的地区差异。

第四节　开发性金融支持新型城镇化的案例

一、开发性金融支持青岛市新型城镇化融资模式和机制

（一）青岛市新型城镇化建设面临的融资挑战

2016年，青岛市城镇化率达到71.53%，成为山东省首个城镇化率超过70%的城市，城镇化建设进入了一个新的战略发展期，但同时也面临着融资方面的巨大挑战，主要表现在以下三个方面。

1．城镇化进程仍处于快速发展阶段，未来所需的城镇化建设资金十分庞大

根据《青岛市新型城镇化规划（2014—2020年）》，到2020年，青岛市常住人口将达到1100万左右，城镇化率达到75%左右，需解决200万人的农民市民化问题。随着新型城镇化的发展，传统的流动性就业模式将逐渐向定居性就业模式转变，未来农民工的市民化将带来居住、教育、社会保障与公共服务等方面的庞大需求。据测算，“十三五”期间，青岛市新型城镇化建设累计资金需求将达2万亿元，年均资金需求超4000亿元，意味着未来城镇化的资金投入必须保持大幅增长才能满足城镇化建设的资金需求。

2．城镇化将告别低成本时代，城镇化要素价格的大幅度上涨对城镇化融资提出严峻挑战

据抽样调查，青岛外来转移人口居住情况显示，35%的农民工居住在工厂宿舍，19%的农民工居住在工地，9%的农民工回家居住，19%的农民工选择在郊区租赁住房，只有10%的农民工在城市拥有商品房，200万现有农民工的市民化居住问题将是青岛未来五年城镇化的核心问题。根据国务院2012年批复的青岛市《土地利用总体规划（2006—2020年）》，到2020年年末青岛市新增建设用地规模约40.53万亩，全市剩余的新增建设用地已不足10万亩，城镇化的空间增长潜力有限。随着土地征收成本迅速上升，传统的土地收储、土地拍卖所获得的净收益将显著下降，传统的"土地财政"模式难以为继。

3．传统的城镇化资金来源面临各种现实约束，难以满足新战略阶段的实际需求

"十三五"期间，青岛市财政收入平均增速预计将比"十二五"期间（18.2%）下降10个百分点左右，再加上存量政府债务进入高还本付息期，企业进入减税减负通道，青岛市可直接用于城镇化建设的财力正逐步缩减。此外，随着政府债务率逐步提高，财政承债空间有限，融资难度不断加大。同时，随着新预算法和财政新规开始实施，"土地财政+融资平台贷款"的传统城镇化融资模式存在政策障碍，未来城镇化政府类项目融资方式将主要依托地方政府债券、公私合营方式（PPP）、企业债券和项目收益票据等。由于公私合营（PPP）制度机制尚不完善，新的融资模式推进缓慢。在国内无成功案例可借鉴的背景下，青岛市推行公私合营（PPP）等创新模式也处于研究探索阶段，公私合营（PPP）项目操作流程，包括物有所值评价、项目认定、合同谈判、项目验收等一系列操作规程和运作机制尚未搭建，将对新型城镇化建设进程产生重大影响。

（二）开发性金融支持青岛新型城镇化建设实践

1．坚持规划先行和银政合作，着力提升新型城镇化融智服务能力

一是深度参与青岛市"十二五""十三五"、蓝色经济区、西海岸新区、中国蓝谷、“一带一路”、新型城镇化、海洋经济等重大区域、产业规划及配套融资规划编制，加快推动规划成果转化。二是围绕政府关注的重点和热点，积极为地方政府出谋划策，帮助解决重大融资难题，推动青岛国家新型城镇化综合试点，主动帮助地方政府统筹考虑存量债务重组、置换和财政存量资金盘活等工作，有效降低地方政府债务水平。三是结合国开行对公私合营（PPP）项目的支持政策，加大与青岛市财政局的合作力度，以联合开展公私合营（PPP）模式研究为载体，通过融智参与筹建青岛市公私合营（PPP）中心，设计公私合营（PPP）融资模式和制度，加快对接青岛市政府正在重点推进的公私合营（PPP）项目，以新型城镇化、轨道交通、公路、水利及青岛市急需实施的公共基础设施领域为切入点，发挥开发性金融的引领示范作用。

2. 按照“远近结合、突出重点”的原则，着力突破四大领域

一是基础设施领域。围绕青岛市强化综合交通运输网络支撑，重点支持新机场、董家口港区、青连铁路、济青高铁、城市轨道交通等城市群基础设施建设，增强城镇承载能力，助力青岛建设功能完善、管理一流的现代都市。二是产城结合领域。牢牢把握山东半岛蓝色经济区和西海岸新区上升为国家战略的重要机遇，积极推动青岛市落实海洋强国战略，大力支持中国北方国家水产品交易中心和冷链物流基地、军民融合创新示范区、中德生态园、即墨 “一谷一城一港”（蓝色硅谷核心区、汽车产业新城、国际陆港）等一批重点项目建设，加快建设蓝色领军城市。充分发挥大额批发中长期投融资优势，倾力支持重点领域重大项目建设。全力支持机场、港口、铁路、公路、轨道交通、园区基础设施等重大项目建设。三是城乡统筹及一体化建设领域。围绕青岛市建设宜居幸福的现代化国际城市目标，通过支持棚户区改造、新农村建设、农业现代化等加大统筹城乡发展的力度，加快推动城乡一体化发展。四是公共服务领域。积极推动金融产品创新，重点通过公私合营（PPP）、政府采购模式等加大对教育、医疗卫生、养老、文化等公共服务领域项目的支持力度。

3. 发挥“投贷债租证”优势，努力做好地方“综合金融协调人”

一是积极配合地方政府债券发行。国家开发银行青岛分行应抓住改革后政府债券发行的契机，发挥国开行债券银行和中长期投融资优势，积极配合地方政府债券发行，推动地方政府发债优先置换存量债务，成为政府债务转型的重要参与者。二是发挥开发性金融综合服务优势和引领导向作用。继续深化债贷组合、投贷结合、租贷结合，探索发挥软贷款的撬动作用，推进城镇化信贷资产证券化和政府优质资产证券化，探索设立城镇化投资基金、开发基础设施融资租赁等股权类产品和服务，积极引导社会资本广泛参与，共同支持青岛市新型城镇化建设。

（三）开发性金融在青岛市的新作为

1．坚持创新发展理念，助力实现发展动能新突破

围绕创新驱动发展战略，创新开发性金融服务实体经济的体制机制。一是聚焦持续创新，不断提高服务质量和水平。加大金融创新力度，发挥“综合金融协调人”作用，积极整合内外部资源，为实体经济提供全方位、一站式的金融产品与服务。二是调整信贷结构，服务青岛经济转型升级。落实海洋强国战略，积极支持海洋科技成果转化、海洋优势产业发展、“一谷两区”国家蓝色载体建设、国家级旅游业改革先行区试点等，推动青岛进入世界海洋经济发展先进城市行列。落实制造强国、网络强国、大众创业万众创新等重大战略，加大对智能制造、新能源汽车、高端装备等战略新兴产业的支持，推动青岛建设“中国制造 2025”试点示范城市和“创新之城、创业之都、创客之岛”。围绕推进供给侧结构性改革，厚植“青岛制造”优势，大力支持十大新型工业千亿级产业、十大战略性新兴产业、十大现代服务业和十大现代农业工程建设，助力青岛产业加快迈向“中高端”。

2．坚持协调发展理念，助力构建全域统筹新格局

围绕“三带一轴、三湾三城、组团式”的城市空间布局，充分发挥开发性金融优势，推进区域协同、城乡一体、物质文明精神文明协调、军民融合发展水平提高。继续发挥规划先行优势，为青岛市未来发展编制系统性融资规划。充分发挥大额、长期、低成本资金优势，全力支持新机场、地铁、青连铁路、董家口港

等重点项目实施，大力推进新一代信息基础设施、新能源汽车基础设施、地下综合管廊、海绵城市等建设，助力补齐基础设施短板。抓住国家新型城镇化综合试点机遇，支持平度中小城市综合改革试点、省级示范镇、新型农村社区和特色小镇建设。助力打造"文化青岛"，重点支持文化产业园区和重大项目建设。大力支持军民融合发展，重点支持古镇口军民融合创新示范区建设。

3．坚持绿色发展理念，助力推动生态环境新提升

围绕青岛市生态环境提升，积极发展绿色金融，支持水、大气和土壤污染防治和蓝色海湾整治行动。积极探索基于碳排放权、排污权、水权的金融产品创新，推进生态环保项目市场化运作。推动环保项目公私合营（PPP）、政府购买服务、绿色产业基金、绿色信贷资产证券化等模式创新，提高绿色金融服务能力，全面助力打造美丽青岛、幸福城市、宜居家园。

4．坚持开放发展理念，助力推进对外开放新跨越

围绕"一带一路"节点支点城市功能定位，以基础设施互联互通、资源能源合作、经贸园区合作、优势产能合作、对外工程承包、国际金融合作等六大领域为重点，携手本地企业开拓国际市场，提供覆盖境内外、本外币的一体化优质金融服务，助力打造海洋强国战略新支点和全省对外开放桥头堡。抓住青岛财富管理试验区和国家 FTA 战略地方经贸合作试点城市建设机遇，加快推进跨境人民币贷款业务，支持青岛"一带一路"国际大通道建设、即墨国际陆港和胶州陆海空多式联运综合贸易枢纽建设，支持中德生态园和中韩、中日创新产业园建设。

5．坚持共享发展理念，助力促进民生福祉新改善

践行"增强国力、改善民生"的使命，围绕城乡居民老有应得、学有优教、病有良医、老有颐养、住有宜居、贫有力助，支持医疗、养老、水利、教育、文化等民生保障体系建设，推进青岛宜居幸福城市建设。继续发挥主力作用，支持棚户区改造任务全面完成。

二、开发性金融支持柳州市新型城镇化建设的具体实践

（一）柳州市城镇化融资方面存在的问题

1. 财政资金无法满足城镇化建设庞大的资金需求

目前，财政投资在城镇化基础设施建设中仍占较大份额，但是财政资金毕竟有限，“十二五”期间柳州市财政收入平均增速仅为11.3%，与之相对应的是，“十二五”期间全市固定资产投资平均增速高达21.8%，基本建设投资平均增速高达20%，在这种情况下，仅靠财政资金投入远不能满足城镇化基础设施建设快速发展的需求。

2. 融资主体单一

经过多年发展，柳州市城镇化融资已从传统的财政直接投资转变为市场经济体制下的财政引导、市场化资金介入的融资模式，但单一的政府主体融资模式没有得到根本改观。政府融资模式中涉及的土地出让、政府投融资平台、地方债虽然是以市场化形式进行融资，但其融资主体仍然为市政府或代表市政府的平台公司，公私合营的融资模式的应用范围还较为狭窄，融资总量不大。在引入社会资本合作开发项目方面仍未取得全面突破，项目建设资金仍然普遍不足。

3. 融资结构不合理

一是资金结构有待优化。柳州市城镇化融资渠道主要是银行贷款，占比高达64%，而通过地方债、企业债、中票、私募等直接融资的比例仅为12%，总量较小、比例偏低。二是资金期限错配。城镇化建设主要是大基础设施、大产业、大园区等重大项目建设，建设周期长，需要长期资金支持，而目前所筹集的资金以中短期为主，长期资金占比较低，以短期资金用于长期项目，加大了融资风险。

4. 公益性项目和小城镇项目融资仍是难题

城镇化基础设施建设存在周期长、资金占用额大、成本回收时间长的特点，并且多为公益性项目，项目本身缺乏稳定的现金流，需要政府提供财政补贴或政

策优惠以维持运营，还款来源较难保障。目前，国家宏观政策层面要求银行业金融机构严控无收益项目的贷款投向，并要求无收益项目通过发行地方政府债券解决资金问题。因此，金融机构对城镇化基础设施建设项目信贷投入的积极性不高。拓宽公益性项目和小城镇建设项目的融资渠道是今后新型城镇化工作的重要任务和挑战。

（二）柳州市新型城镇化建设目标与重点领域

作为国家新型城镇化试点城市，柳州市拟通过建立多元化的投融资体制，系统整合融资渠道，创新融资模式和工具，完善城镇金融服务体系，提高金融服务和金融生态建设水平，形成市场化、多层次、广覆盖和可持续的金融支撑体系，到2020年建成城镇化融资渠道丰富、工业化和城镇化良性互动、城镇金融体系比较完备的城镇化资金保障机制，推动常住人口城镇化率、户籍人口城镇化率在“十三五”期末分别达到68.8%、45.6%。

新型城镇化的推进不仅有赖于产业的投入和发展，而且需要城镇基础设施、公用事业（公共产品）和公共服务等配套建设。城镇化投资的重点领域应涵盖基础设施（包括公路、铁路等重点交通设施，城市路网、城市公交等市政公用设施）、产业发展（包括产业园区、产业转型升级、农村工业化扶持工程）、社会民生（包括棚户区改造、文化、卫生等）等领域。

（三）开发性金融支持柳州市新型城镇化建设的举措

1．做好顶层设计

通过规划先行做好顶层设计，运用规划贷款、规划咨询等方式支持和参与编制柳州市重点规划。同时，可配套系统性融资规划，通过统筹考虑金融、地方财税、政府负债和市场资金供给等因素，测算柳州市新型城镇化建设所需资金总量和资金缺口，制定供需相匹配的投融资模式。把系统性融资规划和重大项目融资方案作为与柳州市各部门规划合作的重要内容，努力使柳州市新型城镇化规划的执行建立在有融资保证、符合科学发展规划和财力增长趋势的基础之上，避免盲目投资和重复建设。

2．拓宽服务范围

通过提供规划咨询、融资顾问、财务顾问等服务，提前介入并主动帮助柳州做好建设项目策划、发展战略制定，提供融资结构及信用结构安排等方面的咨询和建议，以及金融改革、金融产品创新等融资方案设计、融资风险控制、社会资本引荐等工作。

3．支持融资平台转型

对现有政府融资平台进行分类，将部分现金流较弱的平台公司仅作为公益性资产的建设方和管理方，其债务通过政府发行一般政府债券和专项债券偿还；部分经营状况良好的平台公司剥离现有政府债务，同时注入优质资产，使其转型为城市综合运营商，作为柳州市城镇化公私合作（PPP）项目的社会资本方。

4．加强融资模式创新

（1）根据项目情况采取不同融资模式支持新项目建设。

一是继续以项目融资方式支持自身收益平衡的项目；二是以公私合作（PPP）模式支持有部分收入的棚户区改造、供气供热等准公益性城镇化基础设施项目；三是运用政府采购模式贷款支持无收入的公益性项目。

（2）创新融资模式，优化存量政府性债务结构。

一是将有部分现金流且负债较重的存量项目，以公私合作（PPP）模式进行改造，将政府债务转化为社会资本负债，调整负债结构，降低政府负债，延长融资期限，缓解市财政还款压力。二是将有部分现金流且负债较少的存量项目，以“售后回租”的方式出让给国银租赁公司，盘活现有资产，拓展融资渠道，增加资金供给。

（3）加强总分行、子公司业务协同，支持柳州新型城镇化建设。

一是发挥国开证券的作用，积极协助政府融资平台发行企业债券用于城镇化建设项目。二是发挥国开金融的作用，积极参与柳州市城市发展基金和产业投资引导基金的设立和运营管理，以股权投资、夹层投资、委托贷款等方式支持城镇化项目。

5. 加强风险控制

创新信用结构，有效控制贷款风险并实现盈利，从而推动机构可持续发展；同时，运用市场化方法分散风险，如通过银团贷款、资产证券化等方式，提升信贷金融资产的流动性，寻找项目的市场化出口，分散长期、大额、集中的风险。

三、开发性金融与新疆新型城镇化建设

（一）新疆城镇化发展基本情况

新疆，2018 年实现地区生产总值 12199.08 亿元，全区常住人口 2486.76 万人，其中，城镇常住人口 1266.01 万人，占总人口比重（常住人口城镇化率）为 50.91%。几十年来，乘着改革开放的东风，新疆经历了规模最大、速度最快的城镇化进程，并取得了显著成就。城镇化率由改革开放初期的 26.07%，提高到目前的 50.91%；城市数量由最初的 8 个，增加至 28 个，320 个建制镇，城镇体系逐步健全。

从整体上来看，新疆城镇化水平高于西北五省平均水平，但远低于全国平均城镇化水平，城镇化建设进程明显滞后。

（二）新疆城镇化存在的主要问题

1. 城镇体系等级规模结构不合理

目前，新疆 89 个市县中，特大城市和大城市分别只有 1 个、8 个，中等城市中非农业人口数量大多刚刚超过 20 万，其余均为小城镇。因此，新疆城镇化发展存在大城市短缺、中等城市比重略偏高，小城镇比重明显偏高的问题，城镇体系等级规模结构不合理，中小城镇人口规模偏小，使得城镇基础设施和公共设施的营运成本过高，且城镇之间的断层使特大城市的功能难以依次传递到次级城镇，严重影响其辐射和带动作用，不能产生协同效应。

2. 城镇化发展水平滞后

新疆城镇化发展水平滞后，不仅城镇数量少、规模小、人口城镇化率低，而

且在城镇经济发展水平、城镇基础建设水平和城镇居民生活水平上也与中部、东部地区存在较大差异。新疆城镇综合经济实力普遍较弱，经济发展水平不高。2018中国城市 GDP（经济总量）百强排名中，乌鲁木齐排名 77 位，与其他省会城市相比还存在很大差距。

3．城镇化发展不平衡，表现为

（1）疆域城镇化空间发展不平衡。

按照地理区位的划分，新疆可分为北疆、南疆和东疆三大区域。2018 年，北疆地区的城镇化率达 55.71%，比全区平均水平高约 5 个百分点，其中人均 GDP 排名最高的克拉玛依市的城镇化率高达 98.73%；东疆地区的城镇化率为 44.52%，比全区平均水平低了 6.39 个百分点；南疆地区的城镇化率仅为 32.69%，比全区平均水平低 18.22 个百分点，人均 GDP 排名在全区后两位的喀什、和田地区的城镇化率均在 30%以下。可以看出，由于区域经济水平的差异性，新疆城镇化率的两极分化也比较严重。

（2）城镇人口结构的不平衡。

新疆目前较为严峻的问题就是除了克拉玛依等少数城市以外，大多数地区的非农业人口在城镇人口结构中比重较低，其中南疆、东疆地区的城镇非农业人口比重均不足 60%。城镇化率排名全区第二的乌鲁木齐市，其农业流动人口也只有近百万。可以看出，当前新疆户籍人口城镇化还相对滞后，很多生活在城镇的乡村务工人员还没有实现真正的市民化，城乡二元结构依然顽固，城镇化的实际质量还有待提高。

（三）开发性金融支持新疆新型城镇化建设的举措

1．围绕新疆资源优势，创新形式支持民生发展

新疆是资源大区，如何将资源转化为可持续发展的资本至关重要。2012 年，国家开发银行新疆分行积极探索，创新融资模式，采用矿业权有偿取得的形式，开展 200 亿元大额矿权融资。项目的实施开创了在矿业权级市场采取探矿权融资的先河，为破解资源优势向经济优势转化难题、以市场化方式盘活矿产资源、加快民生建设提供了有益借鉴。与此同时，通过政府对于融资平台的资产注入，促进了平台做强做实，随后，国开行携手新疆维吾尔自治区国资公司签署100亿元大额债券承销协议，进一步创新形式，为新疆重点民生项目建设筹集资金。该模式为国开行对新疆转换优势资源惠及民生的重大举措，也是金融领域改革创新的重大标志性事件。

2. 坚持围绕基础设施建设和新型工业化，发挥工业化对于跨越式发展的基础性作用

新疆地缘辽阔，目前公路网、铁路网的密度均不到全国的三分之一，同时，公路铁路、水利电力等基础设施建设投入大、投资回收期长，大额、长期等特点，正有利于发挥开发性金融作用。近年来，国家开发银行新疆分行积极支持国道主干线、省道、县级公路的公路网建设，支持兰新铁路复线、乌市新客站等铁路建设，支持乌鲁木齐机场一期、地州支线机场等航空枢纽建设，支持了新疆电网联网、农网改造升级等新疆骨干电网及多个电源点建设项目。

3. 关注民生、惠及民众、温暖民心，优先保障新疆民生领域资金需求

新疆民生欠账较多，资金需求量大，如何在支持发展的同时防范风险，实现金融的可持续发展，一直是难点问题。国家开发银行新疆分行坚持创新思路，一方面通过深化与政府合作，通过财政资金、援疆资金构建信用结构，另一方面，积极探讨设计创新的融资模式，发放贷款直接支持保障房、棚户区改造、廉租房等民生项目，例如以“政府融资平台+银行+财政+农户”模式，支持哈密农业设施发展，通过支持保障房帮助牧民定居、支持蔬菜大棚帮助农民获得持续性收入、支持农产品加工企业对农户的产品收购、支持企业的农产品深加工项目的四轮驱动，有力地支持了农牧民脱贫。

4. 围绕向西开放战略，以金融合作促进新疆与中亚的区域合作

新疆与毗邻的中亚地区，是世界上重要的未被全面开发的能源、资源富集区，以金融合作促进新疆能源通道建设，打造新疆与中亚合作的沿边开放经济带至关重要。一方面，国家开发银行新疆分行先后支持了中亚天然气、中哈石油管道、土库曼斯坦天然气田建设等能源、资源项目。另一方面，以上在银联体框架下的金融合作带动新疆野马、新疆银隆、农资公司等企业进出口，目前全疆外汇贷款余额的近九成为分行发放。

5．综合融资，引领疆外资金参与新疆项目

一直以来，新疆资金呈现外流趋势，按照统计披露的数据，新疆金融机构存贷比不足 60%。客观上，新疆经济发展对资金的需求量很大。一方面，作为债券银行，国开行本身通过在债券市场筹集资金，在新疆的贷款投放基本上不以新疆本地存款货币为依托，针对新疆企业及项目发放的贷款本身就是一种增量的概念。另一方面，通过“投贷债租证”综合金融服务，国家开发银行新疆分行通过以银团、债券、信托、租赁、投资等多种方式，吸引了多元资金支持新疆企业及项目，有效增加了新疆社会融资总量。

6．积极探索，开展支持新型城镇化的模式研究

一方面，开发性金融通过银政合作的方式打造融资平台，针对大中城市，通过银政合作方式共同搭建政府融资平台，把地方政府增信与融资行为融为一体，将若干个单一的城建项目打包，短期内集中投入大量资金，形成规模效益，直接推动城市基础设施建设以及配套产业。针对中小城镇建设的难点问题，国家开发银行新疆分行探讨提出：小城镇建设关键在于核心产业，要以特色产业带动城镇化。例如针对旅游城市阿勒泰，探索支持农牧民建设具有地方特色的生态小酒店；对于矿业为主的富蕴县，探讨支持建设地质生态公园，发展旅游业；对于农牧业为主的哈密奎苏镇，支持其牛羊育肥等畜牧业项目，促进农牧民增收；对于经济基础较好的阿克苏市，支持其保障房建设、河流景观带改造等。总之，通过发掘城镇独有的产业优势，突出特色、形成配套，最终提高群众收入和生活质量，形成城镇化的生活理念和方式。

第八章　新型城镇化的金融支持路径（下）：普惠金融视角

普惠金融强调将无法享受金融服务的弱势群体纳入正规的金融体系，使其能够以较低成本获得利用储蓄、贷款、保险等金融产品和服务的机会，从而使更多的人能够享受金融发展带来的成果，普惠金融被认为是促进社会经济健康发展、降低收入不平等性的有效途径。在我国新型城镇化建设深入推进的大背景下，进城农民工收入低、无住房现象普遍存在，小微企业"融资难、融资贵"短期内难以有效缓解，故而加快进城农民市民化进程、加大力度支持小微企业发展等议题既是政府部门不可推卸的责任，也是发展普惠金融的应有之义。

第一节　普惠金融相关理论

一、普惠金融的概念、内涵与特点

（一）普惠金融的概念

普惠金融源于联合国2005年在宣传小额信贷年时运用的英文词汇"inclusive financial"，其基本含义是为有金融服务需求的社会各阶层和群体（特别是贫帘的、低收入的阶层和群体）以可负担的成本提供适当、有效的金融服务。它是以小微企业、农民、城镇低收入人群等弱势群体为重点服务对象，从小额信贷与微型金融的基础上延伸而来的一种金融服务体系。

我国学者根据中国现阶段的基本国情，将普惠金融定义为在服务于整体经济大局的前提下，通过官方推动，由正规金融机构为包括低收入者和小微企业在内的全体社会成员，以合理和差别化的价格提供持续、全功能的金融服务，使金融体系适度协调发展，并做好风险控制的金融行为。普惠金融是小额信贷和微型金融进一步延伸的产物，它超越了小额信贷和微型金融的服务对象与服务范围，目的在于构建一个系统全面的金融服务体系。因此，可以说普惠金融与小额信贷和微型金融是包含的关系。

（二）普惠金融的内涵

普惠金融有别于传统金融，它强调要构建一个包容性的金融体系，目标是能够在任何经济主体有金融服务需求的时候能够为其提供理想的金融服务。普惠金融理论认为：第一，享受金融服务是每个人的权利，所有人都应该被赋予享受均等的金融服务的权利；第二，要制定合理完善的制度，实现金融服务供给与需求之间的匹配；第三，在一个成熟的普惠金融体系下，每个经济主体可以得到其所需要的合理的金融服务。

普惠金融的“普”与“惠”高度概括了普惠金融的内涵。首先，普惠金融的“普”字，说明了金融服务的普遍性，体现的是一种平等权利。即所有人应该有获得金融服务的机会，从而保证其有效地参与到社会的经济发展当中，进而完成全社会的共同富裕、均衡发展的目标。其次普惠金融的“惠”字即惠民，指金融服务的目的就是便利金融的需求者，即强调金融对普通人特别是贫困弱势群体的支持，体现了金融为人民改善生活水平、为企业提供融资渠道带来便利。

（三）普惠金融的特点

第一，普惠性。金融虽然是在经济实力发展到一定高度时期的产物，但它不能仅仅服务高收入人群和经济发达地区。中国普惠金融的主要受众不局限于低收入人群、贫困人群和残疾人、老年人等特殊群体，更多的是急需获得金融服务的小微企业、农民、城镇创业者，这体现了普惠金融广泛的覆盖面。

第二，公平性。普惠金融是一个高度包容的体系，社会各个阶层的群体都是普惠金融的服务对象，在这个体系中所有人都能以公平合理的成本获得应有的金融服务。

第三，多元性。目前能够提供普惠金融服务的金融机构主要包括商业性金融、政策性金融、合作性金融等正规金融组织以及私人钱庄、民间金融借贷等非正规金融组织。普惠金融的提供机构具有数量多、组织形式多样的特点。

第四，丰富性。普惠金融的金融服务不仅仅是向客户提供不同期限的信贷业务，还包括保险、储蓄、转账、汇款、租赁、抵押等全功能、多层次的金融服务。通过不同类型的普惠金融服务可以满足不同阶层客户的金融需求，使其以合理价格获得所需的金融服务。

第五，政策性。普惠金融机构具备较完善的内部管理体制、健全的市场监管体系、合理的行业标准，并且在特定的市场环境下，政府能够发挥适当的作用，提供合理的政策指导和监管环境。在机构和政府的双方作用推动下，实现普惠金融的可持续发展。

第六，发展性。普惠金融的出现源自于最初的救济、补贴、扶贫等形式，并在此基础上不断一步一步发展而来，成为一个完整的体系。虽然普惠金融着力于为贫困人群提供金融服务，但是它不等于慈善金融，要有商业可持续性。它不仅重点关注扶贫，也面向社会所有群体，均衡社会资源，实现经济可持续发展。

二、普惠金融的理论基础

（一）金融发展理论

20 世纪 90 年代以前，学者们普遍认为金融发展和经济增长之间存在着重要关系，金融发展能积极推动经济发展。对于一个国家而言，在寻求经济发展过程中，国家资源能否得到有效运用，核心的问题取决于资金从供求方转移到需求者手中的效率的高低，亦即金融制度的效率。在金融和经济发展之间，根据两者的发展速度快慢，可将其关系模式分为两种，一种是当金融发展受限时，落后于经济发展水平，称为需求追随模式。另一种是金融发展速度快于经济发展速度，即供给引导模式。

针对金融机制的重要性，麦金农和肖于 1973 年以发展中国家为研究对象，对金融机制功能性好坏和经济发展速度的关系做了实证研究。他们发现功能健全的金融机制能推动经济的发展，反之金融机制功能扭曲则使经济发展受限。基于研究结论，政府要让市场机制发挥作用，以确保金融机制和经济发展的良性循环。但是，在发展中国家，农业被认为是投资期较长、收益率较低的行业，并不是优质的投资产业，因此农业的发展往往较难获取正规金融机构的资金支持，这被认为是金融抑制现象。金融体系发展的不完善和金融机构效率过低，像农业等一系列不被列为优质的行业，以及规模较小的企业，在募集资金和扩大规模的过程中，无法轻易或以低成本获得有效的帮助和支持。金融抑制的存在导致行业和企业的发展面临巨大困难。

此外，在国际资金配置过程中，一些国家政府不适当的宏观调控，例如利率上下限过度管理，或汇率的不稳定波动。不适当的宏观调控不利于国际资金流动和国家的收支平衡，极大影响国际贸易发展和全球经济的发展。因此，社会发展需要一种新的金融服务体系建立，解决非优质行业和小规模企业或缺资金困难的问题，通过金融市场渠道让资金等资源流向弱势群体，解决资金配置问题，平衡经济的发展。在西方经济学的发展中，金融发展理论的提出产生了重大的影响，但金融发展的核心矛盾问题逐渐显现，即金融效率与金融公平的内在矛盾。金融发展理论逐渐被深化，金融发展要追求效率与公平的平衡发展，因此研究领域开始涉及金融公平的研究，更进一步到现在的普惠金融的研究。

（二）农村金融理论

农村金融理论以 20 世纪 80 年代前后为时间界限，可划分为农业信贷补贴论和农村金融市场论。最初发展起来的农业信贷补贴论认为，要发展农业和缓解农村贫困问题，政府应该建立一些政策性的金融机构和非营利性的组织，为农村注入资金，平衡正规金融机构和非正规金融的金融服务，提供资金来源，满足农村金融的需求。强调针对三农的融资贷款要求更低的利率，目的是降低农业发展成本，积极缩小与其他行业收入的差距。

农业信贷补贴论存在一定的缺陷，由于利率的上限限制，信贷补贴论并不能从根本改变农民的资金使用习惯。在利率失去吸引力时，农民不会养成主动储蓄的习惯，造成农村信贷资金一大部分来源缺失。机构管理能力不足和业务效率较低，贷款的拖欠率造成循环贷款资金缺口。农业低息贷款的主要受益人并非是广大的农户，而是经济实力较强的农民。比较富有的农民，其资质好于其他普通农民，且一次性较大额度贷款的需求更具有吸引力，因此他们更容易获得贷款。农业信贷补贴政策的缺陷，金融机构的活力不及预期，影响机构的可持续发展，最终导致金融市场自我生存能力得不到运用和发展。

20 世纪 80 年代后，农村贫困人口开始具备储蓄能力和需求，一旦储蓄利率降低，他们的需求就会降低，那么农村资金存量就会受到影响。从贷款角度来看，农村金融机构的资金来源主要依赖外部体系资金，而农民的还款意愿较低，资金回收难度也较大，加上农业收益的固有缺陷和农村贷款较大的道德风险问题，以至于农村非正规金融使用较高利率，来匹配农村信贷的较高风险性。较高的贷款利率增加了农民的贷款成本，不利于农业发展，但是市场对高风险性、高利率贷款是接受的。此时，农村金融市场理论开始发展，核心是市场机制作用农村金融体系，金融机构的利率受到调整。一定程度上可以让利给贷款农户，补偿农村的经营成本，而且给资金源丰富的商业性金融机构带来盈利空间。其次，利率的调整可以提高农户主动储蓄的需求，解决农村资金来源的困难。但是农业金融市场论夸大了市场的功能，忽略了政府干预的重要性。利率市场化的发展下，商业性银行为了盈利空间，会在合理的区间提高对三农的贷款的利率。利率的提高增加三农的贷款成本，农民更倾向民间借贷，甚至缩减农业项目规模，最终引起信贷的总需求量的减少。农民贷款的积极性受挫，不利于三农的发展，此时需要政府的适度干预和支持。

（三）不完全竞争理论

金融市场在发达国家和发展中国家间的发展情况存在较大差异。不完全竞争市场是发展中国家的金融市场模式，金融市场的信息不对称现象普遍存在。大多数的金融机构接受不及时、较片面或者有偏差的信息，并不能有效匹配资金等资源。信息不对称，市场自我运行并不能创造出满足社会发展的金融市场。因此，在市场失灵的时候，需要依靠市场之外的因素来补救，政府应该采取一些强制性手段和弥补性的措施，间接调控农村金融市场。

针对市场失灵，政府的介入是必不可少的。政府提供一个较稳定的环境来发展农村金融市场，维持较低的通货膨胀率。鼓励利率市场化，按计划分步骤实施利率改革，避免存贷款利率大幅波动。针对特殊情况，政府应该新设保护方案，例如将农村金融市场进入门槛条件上调，或者建立特别政策。政府在满足银行基本的营收和其他利益的条件上，建议向特殊群体提供政策性服务方式。此外，政府鼓励融资方和出资方通过合作方式完成贷款，政府提供多样化金融服务支持。对于非正规金融市场，政府适当性介入，通过间接或政策管理的方式增加非正规金融市场的效率。

不完全竞争市场论从信息经济学角度分析了农村金融市场，主张政府适度干预，更加贴近中国等一些发展中国家的发展情况。但也可能由于政府过度考虑全局性和储备知识的全面性，忽略了不同地方和时间的差异，造成措施的不合理和时效性问题，可能会出现政府的干预并不能解决市场失灵问题。

三、发展普惠金融的意义

（一）有利于解决当前金融体系的问题

目前的金融体系是经过多年发展逐步形成的，并逐渐成为当代的经济核心，发挥着重要的作用，而如今的传统金融体系还存在着很多问题，最为显著的一方面就是金融服务的提供愈来愈面向财力丰厚、能承担高风险的群体，但忽略了具有巨大发展潜力的中小微企业、农民、贫困人群等经济弱势群体。他们只能借助非正规的金融渠道获取其所需的金融服务，具有高代价、高风险的特点，从而不利于金融体系及当今经济发展。所以普惠金融的发展，可以在完善传统金融体系上从深度和广度双向出发，依靠政府支持等来推动金融市场向更偏远地区、更贫穷客户群体发展，向他们供应更为完善、合理、丰富的金融服务产品，以期更大范围地提供金融服务，消除现有金融体系的问题。

（二）有利于降低交易成本和金融业的创新与可持续发展

在发展中国家的金融市场上，信息不对称的问题普遍存在，导致低收入群体和微型企业从金融机构获得金融服务的成本大大提高，所以这些群体经常被排斥在传统金融体系外。普惠金融的发展，能够降低金融机构由于信息不对称所面临的较大风险，能够使开展小额信贷活动的成本下降。能够提高小额信贷的收益，从而一方面能够为更大范围的客户群体带来利益享受，另一方面也有利于金融机构的业务开展。

另外，普惠金融的发展，促进了银行业之间的竞争，迫使各个金融机构进行服务创新、产品创新等，也有利于各个金融机构提高金融服务质量、改善金融服务环境，从而促进金融业的整体服务体系的提升，促进金融服务和产品的升级。从而，从长远看，普惠金融的发展有利于整体金融业的可持续发展。

（三）有利于金融资源的有效配置

普惠金融的发展，就是通过创新的金融工具将市场的储蓄资源进行跨主体、跨行业、跨地区的有偿转移，提高资金配置效率。我国金融体系存在的另一突出问题就是，金融资源利用不合理，资金配置效率不高。普惠金融的发展，有利于打破各种制度性、政策性的障碍，将金融服务向更偏远地区、低收入群体扩展，从而促使金融资源的合理流动，提高金融资源的使用和配置效率。

（四）有利于消除贫困，实现社会公平稳定

普惠金融的理念是人人都有获得金融服务的平等的机会，因此普惠金融的发展，使金融服务的门槛降低，使传统金融中无法获得正常金融服务的经济弱势群体享受到基本的金融服务，帮助保护其有限的财富，并增加其收入的来源，是帮助经济弱势群体摆脱贫困的重要途径。另外，构建普惠金融体系、提供金融服务不但能够使贫困者摆脱贫困，渡过经济导致的生存危机，也能改善他们的子女教

育，提高其生活水平、健康水平，还能改变妇女的家庭收入，提升妇女家庭、社会地位，并且有利于改善公共基础设施建设等。通过诸多方面的改善与提升，有利于改善民生，促进共同富裕，从而实现社会公平稳定，促进社会和谐发展。

第二节　城镇化背景下我国普惠金融的发展

一、发展历程

（一）第一阶段（1993—1996年）

在普惠金融的概念出现之前，公益性小额贷款和微型金融在一定程度上就是我国普惠金融发展的萌芽阶段。1993年中国社会科学院农村发展研究所引入孟加拉乡村银行小额信贷模式，这是我国第一次引入小额信贷扶贫模式，开启了普惠金融发展的公益性小额信贷阶段。

（二）第二阶段（1997—2005年）

央行和正规金融机构也作为主体加入，而且正规金融机构从此成为普惠金融的主力军。从1997年起，政府系统在“八七扶贫计划”中启动了扶贫贴息小额贷款活动。2000年中国人民银行出台了鼓励农村信用社开展小额信贷，后来，民营商业性小额贷款公司在中西部五省区开始试点。

（三）第三阶段（2006—2011年）

中央和政府有关部门开始倡导和推动普惠金融发展。2006年人民银行有关部门人士翻译出版了联合国编写的《普惠金融蓝皮书》。农业银行、邮政储蓄银行、新型金融机构村镇银行、农村资金互助社加入进来，小贷公司扩展到全国。

（四）第四阶段（2012年至今）

普惠金融理论被引入中国后，受到中央政府高度的重视，近年来更是进入官方文件。2013 年 11 月，第十八届三中全会通过《中共中央关于全面深化改革若干重大问题的决定》，正式提出“发展普惠金融，鼓励金融创新，丰富金融市场层次和产品”。

2015 年 11 月，全面深化改革领导小组第十八次会议通过，并由国务院发布了《推进普惠金融发展规划（2016—2020 年）》，规划确立了推进普惠金融发展的指导思想、基本原则和发展目标，对普惠金融服务机构、产品创新、基础设施、法律法规和教育宣传等方面提出了一系列政策措施和保障手段。规划明确提出：发展普惠金融，目的就是要提升金融服务的覆盖率、可得性、满意度，满足人民群众日益增长的金融需求，特别是要让农民、小微企业、城镇低收入人群、贫困人群和残疾人、老年人等及时获取价格合理、便捷安全的金融服务。

在 2016 年杭州 G20 全球峰会上，中国政府又提出数字普惠金融的八项高级原则，进一步引领和倡导普惠金融的深入发展。

2017 年 7 月，习近平总书记在全国金融工作会议上指出，“要建设普惠金融体系，加强对小微企业、‘三农’和偏远地区的金融服务，推进金融精准扶贫”。这为发展普惠金融推动精准扶贫提供了指导方针。普惠金融将是推进我国经济社会发展战略的关键发力点，在惠及民生、助力新发展方面发挥着重要作用。

二、发展成就

（一）基础金融服务覆盖面不断扩大

我国政府一直积极推动拓展金融机构物理服务网络，提高金融服务覆盖率。为使居住在偏远地区的居民能够便捷地享受到查询、取现、转账等基础金融服务，人民银行于 2010 年启动助农取款试点项目，即依托代理服务点，通过绑定银行账户的借记卡向农民提供取现服务。2011 年，人民银行印发《关于推广银行卡助农取款服务的通知》，要求推广试点，明确提出到 2013 年底实现银行卡助农取款服务在全国范围内农村乡镇基本覆盖的政策目标。截至 2017 年末，全国范围内共有助农取款服务点 91.4 万个，基本实现了“乡乡有机构，村村有服务”。

为了更好地满足社区和小微企业的金融需求，许多商业银行设立了简易型支行或特色支行。这类支行开业许可要求更低、审批流程更快，布局也更为分散。社区支行和小微支行是特色支行的两种类型。社区银行通常有2—3名员工，配有自助取款机（ATM）、自动循环存取款机（CRS）等自助服务设备，主要为客户提供储蓄和金融产品销售等服务。小微支行与社区支行类似，但主要为小微企业提供基础金融服务。特色支行通常设立在居民区或工业园区，可结合服务对象的实际需要灵活安排自身工作时间。特色支行的设立有助于提高我国金融服务覆盖率。

（二）薄弱领域金融可得性持续提升

近年来，我国金融服务的可得性显著提高，账户拥有率、小微企业贷款、涉农贷款等指标均呈上升趋势。

信息技术的发展为提高金融服务可得性提供了有效途径。工商银行推出“网上小额贷款”，自2017年7月上线以来，已为10多万户小微企业提供授信600多亿元。建设银行推出的“小微快贷”2017年新增客户超过14万人，当年发放贷款1466亿元，不良率仅为0.16%。

为更好地向普惠金融目标群体提供服务，有关部门2017年5月出台方案，鼓励大中型商业银行设立普惠金融事业部。大型银行率先全面完成普惠金融事业部设立工作，在总行层面，于2017年6月30日前全面完成了普惠金融事业部挂牌工作，实现机构落地、人员到位、专人专岗。在一级分行层面，已于2017年9月30日完成了全部185家普惠金融事业部分部的设立。股份制银行中，民生银行、兴业银行等设立了普惠金融事业部，有的股份制银行正在积极筹建普惠金融事业部。普惠金融事业部是商业银行推动普惠金融发展的重要抓手，有助于提高普惠金融服务的可得性。

（三）金融服务的效率和质量明显提高

通过互联网、大数据等金融科技手段，提供线上信贷服务。浙江网商银行主要依靠互联网运营的模式，实现三分钟申贷、一秒钟放款、零人工介入的“310”

贷款模式。银行业持续减费让利，降低普惠金融融资成本。2017 年大中型商业银行对普惠金融客户取消收费项目 335 个、对 387 个项目实行收费减免，全年减费让利总金额约 366.74 亿元。

（四）是金融扶贫攻坚成效卓著

截至 2017 年末，银行业扶贫小额信贷余额 2496.96 亿元，支持建档立卡贫困户 607.44 万户，占全国建档立卡贫困户的 25.81%；向贫困户发放的扶贫开发项目贷款余额 2316.01 亿元；积极开展贫困人口商业补充医疗保险，全国 25 个省（区、市）1152 个县（市）承办了针对贫困人口的商业补充医疗保险业务，覆盖贫困人口 4635 万人。

三、面临的困难与挑战

（一）对“普惠金融”的理解和认识差异大，没有形成共识

当前，一些民众对普惠金融还存在一定误解，将普惠金融与政府补贴等同，把扶贫贷款当成“免费午餐”，一些地方政府将普惠金融单纯地等同于小额信贷。为农民、小微企业等普惠金融重点服务群体提供信贷服务是普惠金融的重要内容，但不是全部内容。除了小额信贷，普惠金融还包括账户、储蓄、支付等服务。随着经济社会的发展，人们对金融产品和服务的需求将越来越具有多维性。衡量金融的普惠性，不仅仅要看融资需求能否得到满足，还要看普惠金融重点服务群体能否享受到多样化的金融服务。此外，还有部分金融机构对普惠金融的认识不到位，存在观望思想，部分群众对风险相对忽视，这在一定程度上影响了普惠金融的进一步发展。

（二）普惠金融服务城乡、地区、供给方类型和规模结构不平衡、不充分

普惠金融服务不均衡，金融服务的覆盖率（广度）和渗透率（深度）还有较

大差距，农村金融改革发展仍是最薄弱环节，小微企业和弱势群体融资难、融资贵的问题突出，金融资源向经济发达地区、城市地区集中的特征明显，普惠金融体系不健全，金融法律法规体系仍不完善，直接融资市场发展相对滞后，政策性金融机构功能未完全发挥，金融基础设施建设有待加强。普惠金融的商业可持续性有待提高，监管制度不健全和能力有差距，金融消费者合法权益保护和金融教育不足等问题。这些短板应是今后力争改善的主攻方向和重点。

（三）普惠金融商业可持续模式仍需探索

在部分边远或农村地区，人口密度低、人均收入少、产业结构单一，存在传统金融机构设立服务网点（代理网点）、布设机具难以实现盈亏平衡的现象。在城镇地区，金融机构在为小微企业提供融资服务时也存在信息不对称、抵质押物缺乏等问题，致使金融机构在可持续地为小微企业提供融资服务方面遇到一定困难。

普惠金融重点服务对象一般经济条件较差、金融素养较低、风险承受能力较弱。将这些人纳入服务范围，在一定程度上会增大风险。金融机构为其提供服务将面临业务散、成本高、风险大、利润低、补偿少、实效差等问题，成本收益的不对称、供需关系的不均衡将影响普惠金融的商业可持续性。

（四）更充分地发挥互联网金融的有效作用仍需努力

互联网金融的兴起对普惠金融的发展起到了一定的推动作用，但互联网金融平台也存在着法律地位不清晰、业务不规范、侵害消费者权益行为时有发生等问题。有不少互联网金融公司甚至出现欺诈、跑路等现象，这与普惠金融“提高金融服务满意度”的目标背道而驰。

四、进一步发展普惠金融的思考

进一步发展普惠金融应主要做好以下工作：建立银行业金融机构的农村存款回流“三农”机制；引导银行业金融机构持续支持小微企业和农户发展；在总体上保证农村信用社县域法人地位和数量总体稳定；积极培育新型农村金融机构和

小额贷款公司；出台支持鼓励公益性制度小额信贷组织发展的政策；培育发展多类型的农村合作金融；加强小微企业和农村各类经济经营主体的信贷担保体系建设；各级政府和监管部门形成合力支持普惠金融金融发展；注意发挥直接融资、保险和金融科技对普惠金融发展的重要作用；对普惠金融发展水平构建起一套科学的评估指标体系；努力改善农村信用环境；加快解决金融数字鸿沟问题；加快我国各项农村金融立法工作；等等。

我国社会上普遍流行一种观点，即农村金融服务薄弱的主要原因之一是竞争不足，认为只要适当增加中小型金融机构和增加竞争，就可以缓解或解决农村中低端客户金融服务不足的问题。多年实践证明了这种观点的缺陷，因为虽然农村已增加了不少小型商业银行和小贷公司，但由于商业性目标驱使他们追求盈利和做大避小，低端客户服务问题并没有得到有效解决。

那么如何以普惠金融可持续发展的理念和要求惠达中低端和贫困客户群体？

一是对带有社会企业性质的公益性或非营利性金融组织和合作金融组织，应从政策上倡导、鼓励和监管其规范发展，这也是应在供给侧结构性改革中需要补上的重要短板。社会企业类组织，即合作性金融和非营利性金融组织的工作宗旨和目标不是追求利润，而是保本微利和可持续地为社员、中低收入者和贫困农户提供金融服务，所以，从体制、制度和“道”（理念、信仰、情怀、价值观）的层面，相对于商业金融机构，他们开展普惠金融服务是有优势和特殊作用的，我国实践也证明了这一点，但在这方面的金融供给结构多元化至今还没有实现。政府部门需要出台政策法规，鼓励和支持上述人或机构更积极地参与到普惠金融工作中来。

二是商业性金融机构应让政策法规发挥“指挥棒”和“风向标”作用，改变考评标准和办法，更好地解决支农支小问题。在理论上应明确，追求利润最大化理论是有局限性的，这种理论只是美英经济学理论，不应视为主流理论。在实践上，应增加完善考核、监督、评价普惠金融所要求的需求方覆盖率、可得性和满意度等问题的指标体系，监督跟踪体系、评价体系、奖惩体系。

如果能把现在这样以考核商业机构财务绩效为主的“指挥棒”改为考核评价普惠金融所要求的需求侧覆盖率、可得性和满意度等要求，也可以说同时考核供给方财务绩效和社会绩效的指标体系的“指挥棒”，商业性金融机构将不得不改变脱农脱小、追求高利润、追求大项目、追求往城里发展的冲动。

第三节　普惠金融推动新型城镇化进程的实证分析

一、我国普惠金融发展水平测度

（一）测度方法

借鉴 Sarma（2008）所提出的普惠金融指数（2008，2011）（IFI）来测量我国普惠金融发展水平。假设共选取 n 个指标来测算普惠金融发展指数，且每个指标的权重为 w_i。各权重的指标为：

$$w_i=\frac{V_i}{\sum_{i=}^{n}V_i} \tag{8.1}$$

其中 V_i 代表指标的变异系数，为代表指标的标准差与指标的平均值之比。

根据上面测算出的权重值对各指标进行无量纲化处理：

$$d_i=w_i*\frac{X_i-Min_i}{Max_i-Min_i} \tag{8.2}$$

其中 w_i 为各个指标的权重，w_i 越大则该指标对普惠金融发展越重要，X_i 为第 i 个指标的真实观测值，Max_i 为第 i 个指标样本的最大值，Min_i 为第 i 个指标样本的最小 d_i 为正向指标，且 $0\leqslant d_i\leqslant 1$，当 d_i 趋近于 0 时，代表该地区与计算范围内的其他地区相比，各指标取值均为最低值，发展水平相对较低，同理当 d_i 趋近于 1 时，表示代表该地区与计算范围内的其他地区相比，各指标取值均为最高值，发展水平相对较高。最后，根据各维度的测度值、权重通过运用欧式距离公式计算普惠金融综合指数值 IFI：

$$\mathrm{IFI}=1-(\sqrt{(w_1-d_1)^2+(w_2-d_2)^2+\ldots+(w_n-d_n)^2}/\sqrt{w_1{}^2+w^2+\ldots+w_n{}^2}) \tag{8.3}$$

其中 IFI 的取值范围是[0，1]，根据国际普惠金融发展水平划分标准，设定当 0≤IFI<0.2 时，普惠金融发展水平较低，当 0.2≤IFI<0.5 时，普惠金融发展处于中等水平，当 0.5≤IFI≤1 时，普惠金融发展水平较高。但需特别指出一点的是，最终我们得到的普惠金融指数只是一个相对的概念，它只能说明在一定时期内中国 31 个省（市）普惠金融发展程度的差距，并不能代表一个地区普惠金融的真实发展水平。如果普惠金融发展指数为 0，不代表普惠金融发展水平绝对最低，同理，如果普惠金融发展指数为 1，也不意味着普惠金融发展达到绝对最高水平。

（二）指标选取

2016 年 G20 领导人在洛斯卡沃斯峰会上通过了普惠金融基础性指标体系，旨在创造一个既有利于金融创新，又能维护金融稳定和消费者权益的有利政策和监管环境。指标体系涵盖 3 个维度（金融服务的可得性、金融服务使用情况和金融产品与服务的质量），分别从供给（金融机构）和需求（金融消费者）两侧反映普惠金融发展水平。

1. 金融服务的可获得性

以每万平方公里的金融机构数量、每万平方公里的金融机构从业人员、每万人拥有的金融机构数量、每万人拥有的金融机构从业人员数来衡量。金融机构设立的密度及金融机构从业人员数量决定了居民获得金融服务的便利性，进而影响普惠金融发展水平。

（1）每万平方公里的金融机构数量=金融机构数量/地区总面积

（2）每万平方公里的金融机构从业人员=金融机构从业人员数量/地区总面积

（3）每万人拥有的金融机构数量=金融机构数量/地区总人口

（4）每万人拥有的金融机构从业人员数=金融机构从业人员数量/地区总人口

2. 金融服务的渗透性

以本外币存贷款总额占 GDP（国内生产总值）的比重、保险深度、保险密度、涉农贷款余额占各项贷款余额的比重以及小微企业贷款余额占各项贷款余额的比重来衡量。以上指标说明了在金融服务可得的情况下居民对于金融服务的运用程度。

（1）存款总额占 GDP 比重=存款总额/地区 GDP

（2）贷款总额占 GDP 比重=贷款总额/地区 GDP

（3）保险深度=保费收入/地区 GDP

（4）保险密度=保费收入/地区总人口

（5）涉农贷款余额占各项贷款余额的比重=涉农贷款余额/各项贷款余额

（6）小微企业贷款余额占各项贷款余额=小微企业贷款余额/各项贷款余额

3. 金融服务的质量

以个人信用档案建档率、企业信用档案建档率衡量。

（1）个人信用档案建档率=个人信用建档数量/地区总人口

（2）企业信用档案建档率=企业信用建档数量/地区总企业数

（三）样本选择和数据来源

根据我国行政区域划分以及所选指标数据的可获得性，对 2008-2018 年全国 31 个省（自治区、直辖市）的相关数据进行分析，进而对 31 个省（自治区、直辖市）的普惠金融发展水平进行测量。

指标数据主要来源于 2008—2018 年间的中国统计年鉴以及各省（自治区、直辖市）的统计年鉴、各省金融运行报告、金融稳定报告、国家统计局网站、中国人民银行官网、中国银行业监督委员会官网以及 wind 数据库等。

（四）普惠金融发展水平测算与结果分析

选取的指标样本的权重如下表 8-1 所示：

表 8-1　指标样本及权重

维度	指标	样本权重
金融服务可获得性	每万平方公里的金融机构数量	0.20
	每万平方公里的金融机构从业人员	0.23
	每万人拥有的金融机构数量	0.05
	每万人拥有的金融机构从业人员数	0.10

续表

维度	指标	样本权重
金融服务渗透性	存款总额占GDP比重	0.08
	贷款总额占GDP比重	0.06
	保险深度	0.11
	保险密度	0.04
	涉农贷款余额占各项贷款余额的比重	0.06
	小微企业贷款余额占各项贷款余额	0.03
金融服务质量	个人信用档案建档率	0.02
	企业信用档案建档率	0.02

根据选取的指标和测算方法，测量出了我国 31 个省（自治区、直辖市）2008—2016 年的 IFI 值。

根据地理位置、经济建设条件和现实的经济技术水平，将全国划分为三大经济地带，即东部地区 11 个省（自治区、直辖市）、中部地区 8 个省（自治区、直辖市）和西部地区 12 个省（自治区、直辖市）。

表 8-2 2008-2018 东中西部地区 IFI 指数

年份	东部	中部	西部	全国
2008	0.1613	0.0826	0.0492	0.0877
2009	0.1638	0.0820	0.0497	0.0991
2010	0.1744	0.0837	0.0531	0.1046
2011	0.1872	0.0849	0.0536	0.1053
2012	0.1946	0.0867	0.0544	0.1074
2013	0.2060	0.0883	0.0585	0.1102
2014	0.2125	0.0858	0.0602	0.1138
2015	0.2221	0.0909	0.0612	0.1225
2016	0.2317	0.0914	0.0643	0.1237
2017	0.2438	0.0936	0.0626	0.1321
2018	0.2491	0.0945	0.0633	0.1316
平均值	0.1933	0.0742	0.0519	0.1040

从结果可以看出，2008－2018 年期间，我国普惠金融指数从 0.0877 提高到 0.1040，增幅达到 18.59%。虽然我国普惠金融指数呈现不断上升的趋势，但区域

发展情况不容乐观。从分区域来看，东中西部地区之间发展不平衡，存在明显差异。从2018年来看，东部地区普惠金融指数为0.2491，明显高于中西部地区，中部地区为0.0945，最低为西部地区，指标值为仅为0.0633，中西部水平均也低于全国2018年平均水平（0.1316）。

郑锦波（2018）计算出各地区历年的普惠金融综合评价指数，将2006年至2016年归一化后的31个省（自治区、直辖市）平均得分进行排名，如下表8-3所示。

表8-3　各省（自治区、直辖市）普惠金融综合评价指数平均得分排名

名次	省市	F平均值	名次	省市	F平均值
1	上海	0.673	17	安徽	0.093
2	天津	0.361	18	江西	0.092
3	北京	0.323	19	广西	0.089
4	江苏	0.217	20	重庆	0.089
5	浙江	0.206	21	山西	0.085
6	广东	0.206	22	陕西	0.078
7	山东	0.182	23	海南	0.077
8	辽宁	0.177	24	宁夏	0.073
9	福建	0.142	25	四川	0.072
10	河南	0.133	26	新疆	0.061
11	内蒙古	0.127	27	青海	0.056
12	河北	0.125	28	贵州	0.049
13	吉林	0.118	29	云南	0.042
14	湖北	0.106	30	西藏	0.040
15	湖南	0.105	31	甘肃	0.032
16	黑龙江	0.103			

上海在排名中以0.673的分数拔得头筹，在排名前十的省份中，前九名都属于中国东部地区。而排名在末尾的省市均属于西部地区。从平均情况看，东部省份普惠金融发展的整体水平高于中西部。

二、普惠金融推动新型城镇化进程的实证分析

（一）指标选取和数据来源

研究普惠金融和新型城镇化发展的现状及其联系，直观发现普惠金融发展较

快、较完善的地区，通常新型城镇化的有关数据也表现比较好。

这可能说明区域金融普惠的程度和新型城镇化发展之间存在一定程度上的相关性。实际中，普惠金融的渗透度越深、涉及范围越广，越能起到好的资源调配和规划作用，在新型城镇化进程中，也能扮演较为重要的角色。

1. 普惠金融发展指标选择

以上述普惠金融发展水平测度指标：金融服务的可获得性（FSA）、金融服务的渗透性（FSP）、金融服务的质量（FSQ）作为自变量，研究它们的变化对新型城镇化进程的影响。

2. 新型城镇化进程指标选择

衡量新型城镇化，除了最常用的人口指标外，还应包括代表产业结构优化升级和体现以人为本（这里主要用城乡居民生活差距缩减来衡量）的指标。因此，可从人口、产业两个角度选择指标，分别以城镇常住人口占总人口的比重（UR）、第二、第三产业占比（UI）作为因变量。

由于统计部门从2013年起，开展城乡一体化住户收支与生活状况调查，与之前分城乡住户的调查范围、调查方法、指标口径有所不同，因此实证数据选取2013—2018年的省级面板数据，数据来源为国家统计局在线数据库。

（二）普惠金融对人口城镇化的影响

1. 实证过程

为了探讨金融普惠程度对人口城镇化指标方面的影响，建立多元回归分析模型，从金融服务的可获得性（FSA）、金融服务的渗透性（FSP）、金融服务的质量（FSQ）三个方面分析中国普惠金融发展对人口城镇化的影响程度。选定人口指标UR为回归分析模型中的因变量，构建如下回归模型：

$$UR=\alpha_0+\alpha_1*FSA+\alpha_2*FSP+\alpha_3*FSQ+\varepsilon_1$$

使用静态面板数据对模型进行多元回归，采用固定效应模型，参数回归结果如表 8-4 所示。

表 8-4　普惠金融发展对人口城镇化影响的回归估计结果

	Coefficient	Std. Error	t-Statistic	p
C	0.392861	0.112484	2.603359	0.0128
FSA	0.534243	0.035376	13.24948	0.0000
FSP	−0.13636	0.093810	−2.06917	0.0064
FSQ	−0.10699	0.062843	−1.92106	0.0182
R2	0.89317	Mean depen. var		1.85677
Adjusted R2	0.82866	S.D. depen. var		0.257846
S.E. of regression	0.07207	Akaike info criterion		−1.882727
F-statistic	141.4812	DW stat		0.9145753
Prob	0.000000			

从表中可以看出模型一的拟合优度 R^2 为 0.89，可以判断该模型较好地拟合了普惠金融发展对人口城镇化指标的真实影响。常数项 C 和 FSA、FSP 和 FSQ 的系数也通过了显著性检验。

2. 实证结果分析

实证结果发现，普惠金融服务的可获得性对于人口城镇化的影响非常显著，普惠金融服务可获得性每提高 1%，人口城镇化水平提高 0.53%，由此可见区域普惠金融服务的可获得性有效刺激了人口城镇化的进程。区域普惠金融的可获得性由每万平方公里金融机构数、每万平方公里金融从业人员数等指标构成，可衡量普惠金融在地理上的渗透度、居民使用金融服务的程度以及金融发展的成果。由于现实中城镇金融机构网点设置密度要远大于农村，获得金融服务的便利性也就成为农村人口向城市转移的推动力之一。

普惠金融服务的渗透性对人口城镇化的负面作用比较微弱，普惠金融服务的渗透性每提高 1%，人口城镇化水平降低 0.136%。服务的渗透性代表人均存款额占 GDP 的比重、人均贷款额占人均 GDP 的比重、保险深度、保险密度、涉农贷款余额占各项贷款余额的比重、小微企业贷款余额占各项贷款余额等比值指标，衡量各种金融服务在经济体运行过程中的使用程度。这是因为单对人口而言，指标的重点在于农村人口向城镇人口的转移，而普惠金融服务的渗透性侧重于金融服务在经济生活中的作用程度，因此人口方面不是普惠金融服务渗透性的直接作用范围。

普惠金融服务的质量对人口城镇化起反作用。FSQ 每上升一个单位，人口城镇化指标下降 0.10699。随着金融业不断发展，机构数量不断增多、从业人口增加，个人、企业征信系统的不断完善，它在欠发达地区和发达地区的对人口城镇化的影响路径不同。在较为落后地区，这意味着金融普惠性整体得到了提高，资金需求方获得了更多融资条件。在发达地区，金融行业逐渐达到饱和，城市竞争加大，反而会使得人口向城镇转移的动力减弱。

（三）普惠金融对产业城镇化影响

1. 实证过程

仍以金融服务的可获得性（FSA）、金融服务的渗透性（FSP）、金融服务的质量（FSQ）三个指标为回归分析模型的自变量，选定产业结构 UI 为回归分析模型的因变量，分探讨普惠金融发展水平对产业城镇化的影响。构建如式如下的单元回归模型：

$$UI = \beta_0 + \beta_1 * FSA + \beta_2 * FSP + \beta_3 * FSQ + \varepsilon_2$$

运用静态面板数据对模型进行多元线性回归，用固定效应模型得到表 8-5 结果：

表 8-5　普惠金融对产业城镇化影响的回归估计结果

	Coefficient	Std. Error	t-Statistic	p
C	0.282832	0.084179	2.303429	0.0526
FSA	0.540268	0.039255	14.64738	0.0000
FSP	0.126812	0.073272	2.02944	0.0106
FSQ	0.146343	0.062847	2.86216	0.0211
R2	0.79354	Mean depen. var		1.65725
Adjusted R2	0.72866	S.D. depen. var		0.257846
S.E. of regression	0.08303	Akaike info criterion		-1.882727
F-statistic	134.7843	DW stat		0.935375
Prob	0.000000			

由表 8-5 可知，该回归模型的拟合优度 R2 为 0.79，调整后的拟合优度为 0.73 说明模型对 FSA、FSP 和 FSQ 以及常数项整体的拟合较为合理。常数项和 FSA、FSP 和 FSQ 的系数也分别通过了 90%、99%和 95%水平下的显著性检验，模型假设的影响关系成立。

2．实证结果分析

普惠金融服务可获得性对产业城镇化的推动作用相当显著，金融服务可获得性每上升 1%，产业城镇化水平可提高 0.54%。增强普惠金融服务可获得性有助于地区产业结构的优化。普惠金融服务的渗透性对产业城镇化也有一定的推动作用，普惠金融服务的渗透性每上升 1%，产业城镇化程度上升 0.127%。

金融服务的质量有利于社会各阶层与金融体系的交互作用，可促进资源在个人、经济体之间的流动，促使产业结构趋向合理。而金融服务质量每上升 1%，产业城镇化程度上升 0.146%。这是因为金融业作为第三产业的重要组成部分，直接和产业城镇化程度相关，所以金融服务的质量对产业城镇化指标的影响是正向的。

可以看出，普惠金融的三个发展指标都对产业城镇化指标起到了显著的促进作用。普惠金融程度的提高一方面使得农民可以便捷融资购买现代化的生产设备，提高整体的生产效率，实现农业生产的现代化和规模化。农业生产效率的提高解放了生产力，降低从事农业生产的必要劳动量，为第二、三产业的发展提供了充足的后备劳动力。另一方面，普惠金融能缓解乡镇中小微企业的融资困境，填补乡镇企业的融资缺口。一旦乡镇企业能够获得充分的融资，也就带动了整个地区的工业和服务业兴起，从而产业结构能从以农业为主导的特征向以二、三产业为主导转变。

第四节　普惠金融支持新型城镇化的案例——兰考模式

一、兰考新型城镇化建设概况

兰考县为河南省直管县，是焦裕禄精神的发源地。兰考县属于传统平原地区，面积 1116 平方千米，具有丰富的农产品资源，是全国商品粮生产基地县、全国优质棉基地县。兰考享有省辖市的经济管理权限，具有明显的政策优势。全县辖 6 个乡、7 个镇、3 个街道，454 个行政村（社区），总人口 86.49 万。2014 年 10 月，兰考县被列入国家新型城镇化综合试点。2018 年，兰考常住人口城镇化率达到 39.53%，户籍人口城镇化率达到 31.3%。兰考作为全国著名的政治大县、国家级扶贫开发工作重点县（2017 年 3 月，经国务院扶贫开发领导小组审定，并经河南省政府批准，兰考县正式退出贫困县，成为继革命老区井冈山之后全国第二个、河南省首个脱贫“摘帽”的贫困县）、国家新型城镇化试点地区、农业生态示范县，是第一产业比重高，城镇化率较低的传统农业大县。

二、兰考县国家新型城镇化综合试点的总体目标与主要任务

（一）总体目标

以人的城镇化为核心，探索建立农业转移人口市民化分担机制，有序推动农业转移人口就地城镇化和城镇基本公共服务常住人口全覆盖。以提升质量为关键，探索建立多元化的城镇化投融资机制，增强资金保障能力；以改善民生为根本，探索建立城乡一体化发展机制，实现全域城镇化。通过先行先试，大胆探索，在兰考形成试点引领、民生优先、城乡一体的新型城镇化格局，把兰考建设成为充满活力的区域性副中心城市。到 2020 年，常住人口城镇化率达到 45%，户籍人口城镇化率达到 40%；中心城区城镇化率达到 65%，人口达到 40 万；到 2030 年，城镇化率达到 78%，人口达到 65 万。

（二）主要任务

（1）探索建立农业转移人口市民化成本分担机制。

一是有序推进农业转移人口市民化。按照尊重意愿、自主选择、存量优先、带动增量的原则，根据农业转移人口市民化成本分类，进一步明确政府、企业、个人共同参与的农业转移人口市民化的成本分担责任，有序推动农业转移人口市

民化。

二是合理进行市民化成本核算。根据兰考县城镇化发展目标，到2020年累计完成农业转移人口市民化20万人，预计需要支出163.72亿元。

三是建立健全分担机制。政府主要承担义务教育、就业服务、基本养老、基本医疗卫生、保障性住房以及市政设施等方面的公共成本。企业按城市市民相同的标准为进城务工人员缴纳职工养老、医疗、失业、工伤、生育等社会保险费用。进城务工人员参加城镇社会保险、职业教育和技能培训等。

（2）探索建立城镇化投融资机制按照“政府主导、市场运作、社会参与”的原则，推进对社会资本开放，形成多元化、可持续的资金筹措格局

一是组建规范高效的投资公司。组建兰考发展投资有限公司，重点支持产业集聚区基础设施建设和主导产业发展。支持农信社改制为农商行。鼓励开展以土地经营权为抵押的“农权贷”“政银保”试点。建立兰考社会事业发展投资公司，重点支持文化、教育、医疗卫生、保障房建设等公共项目领域。组建兰考城镇基础设施建设投资公司，重点支持供排水、供电、供气、污水处理等领域。

二是深化城镇投融资机制改革。建立和完善土地收益分配机制。建立市政资源特许经营权机制，通过城市无形资产来吸纳更多资金。

三是推动“三农”和城镇基础设施领域金融创新。支持村镇银行发展农户小额贷款、“绿色家园”新农村贷款、农业保险等金融产品。在完成确权的基础上，以自愿有偿为前提，积极探索农村房屋产权登记和农民住房财产权抵押、担保、转让等“两权”抵押贷款试点。推广“政府与社会资本合作模式”，鼓励社会资本以购买地方政府债券、投资基金、股票等形式，参与城市公共服务、市政公用事业的建设和运营。

四是建立投资风险补偿机制。对一些风险大、成本高、收益低的金融机构涉农贷款、中小企业贷款和农民创业担保贷款进行风险补偿。

（3）探索建立城乡一体化发展机制以人的城镇化为核心，加快推动城乡公共服务均等化，实现全域城镇化

一是推动城乡教育、医疗卫生、社会保障、文体事业、劳动就业等一体化，

使城镇公共服务逐步成为城乡公共服务，推动县域协调发展。

二是推进城乡规划建设一体化。按照“望得见山，看得见水，藏得住乡愁”原则，做大做美中心城区，加快建设美丽乡村，打造生态兰考。

三是推进城乡社会管理和服务一体化。全面放开中心城区、建制镇落户限制，逐步取消城乡户籍。

三、普惠金融的兰考实践

2016 年 12 月经国务院同意，中国人民银行等七部委联合河南省政府下发《河南省兰考县普惠金融改革试验区总体方案》（以下称《总体方案》），兰考成为全国首个也是目前唯一的国家级普惠金融改革试验区。

（一）积极探索“一平台四体系”普惠金融模式

自试验区创建以来，在多部门的协调行动下，始终紧扣《总体方案》，坚持政策引导与市场机制相结合，问题导向与目标导向相统一，在优化新型城镇化金融服务方面，鼓励创新新型城镇化投融资机制，深化涉农金融服务创新，推动小微企业金融创新，积极支持农民工市民化。其中，支持河南省先进制造业集群培育基金、河南省新型城镇化发展基金与兰考县开展合作，探索设立兰考县发展基金，重点支持该县现代农业发展和基础设施建设。鼓励银行业金融机构创新农民工进城购房金融产品和服务，推出多样化的信贷产品，加大对农民工创业就业、技能培训等信贷支持力度。经过近两年的实践，逐步探索出了“以数字金融为核心，以金融服务、普惠授信、信用建设、风险防控为基本内容”的“一平台四体系”的普惠金融兰考模式，以点带面，全方位推进普惠金融试验区建设。

1. 搭建数字普惠服务平台

运用“互联网+”思维，探索建设市场化运营的“普惠金融一网通”数字普惠服务平台，平台功能包括“支付、理财、保险、证券、生活缴费、惠农补贴、金融消费权益保护”等，并随着功能升级，2017 年 10 月又推出“普惠金融一网通”

平台的升级版即“普惠通”手机 App，并开通了“普惠授信”在线服务、金融超市、二维码支付等功能。一方面线上解决基层群众金融服务单一、覆盖面窄的问题，另一方面解决金融服务推送成本和触达效率问题。

2．建设四大体系

（1）普惠授信体系。

针对大多数农民从未获得过银行信贷服务的状况，结合农民生产经营小额资金需求，以普及小额信贷、培育信用习惯、完善信用体系为目的，以建立完善的风险防控为支撑，探索推出以“信贷+信用”为特点的、低门槛低成本的普惠授信模式。普惠授信整个过程分为授信、启信、用信、还信四个环节。

（2）信用建设体系。

将信用体系建设与普惠授信紧密结合，通过普惠授信，将授信前置，变“信用+信贷”为“信贷+信用”，让农民先有授信，在农民启用授信时再收集农户信息，在普惠授信中推动信用体系建设，实现信用信贷良性互动，“信用信贷相长”。这样一方面使信息收集工作更有针对性，大大降低了信息收集成本，减少了农户的麻烦；另一方面通过授信把农民与银行联系起来，引导农民积累信用记录、培养信用习惯，根据农民信用积累情况进行信用评级，根据农户信用等级变动情况调整授信额度和用信成本，让农民在利用信贷的实践中体会信用的价值，珍惜信用，从而实现了信用与信贷的相互促进，激发了农民参与信用建设的热情。

（3）风险防控体系。

建立科学有效的普惠金融风险分担机制，打破以往银行、政府两家分担风险的做法，引入保险、担保等市场主体，采取银、政、保、担“四位一体”的风险分段分担机制。“分段分担”，即授信不良率划分为“2%以下、2%-5%、5%-10%、10%以上”四段，不同区间银行、保险、担保、政府分别承担不同的责任。同时，设置风险隔离机制。当普惠授信不良率达到一定比例时，银行即可启动该机制。风险分担机制，突破了传统风控模式，按照“共同参与、权责利对等”原则，通过明晰各方权责利职责，注重分散风险，把不确定性风险在各方锁定，解除后顾之忧，有效激发各方参与普惠金融工作的积极性，推动普惠金融向纵深发展。

（4）完善金融服务体系。

建设两级普惠金融服务站，促进普惠金融服务与便民政务服务高效结合，既增强线下金融服务能力，也确保服务的规范性和可持续性。一是在县行政服务中心设立普惠金融服务中心，实现普惠授信、农村产权抵押登记、还贷周转金等普惠金融相关业务的集中办公、一站式办理，有效提高金融服务效率。二是依托村委党群服务中心提质改造，建设“4+X”功能的村级普惠金融服务站，加载金融代理服务功能、信用服务功能、风险防控功能、金融消费权益保护功能 4 项基础金融服务和商业银行各自的特色金融服务，促进了普惠金融服务与便民政务高效结合。

（二）模式成效显著，系列难题找到破解之道

1. 激发了金融供给主体金融服务的积极性

目前，兰考有 9 家银行业金融机构，1 个证券营业部，17 家保险公司，县域普惠金融服务体系初步建立。通过信用体系、风险防控体系的构建，出台信贷风险补偿基金、还贷周转金管理办法，设立金融扶贫、普惠授信、农房抵押贷款、农村产权抵押贷款等各类风险补偿基金 7575 万元，设立还贷周转金 2400 万元，引导金融机构加大对扶贫、“三农”、小微企业信贷投放。在相关政策的激励下，多家银行、保险机构将金融服务下沉。

2. 破解了农村金融服务中的信息不对称问题

通过农村信用信息体系的构建，有效破解了金融服务中的信息不对称的问题。一是建立了兰考县信用信息中心。以农户信用信息系统和企业非银行信息系统建设为核心，打造县域新型信用信息共享平台。二是依托兰考县信用信息中心数据，对已脱贫农户引用等级评定办法，开展三级评级和授信。现已评级授信 1251 户，

发放帮扶贷款611笔2376万元。三是信用信贷相长行动计划得以实施。首先在选定的14个示范村开展“普惠金融信用村”创建，已经建成5个信用村。目前信用信息中心已录入企业信息5708户，农户信用信息16万户，兰考大部分农户有了电子信用档案，初步破解了农村信用信息不对称问题。

3. 找到了有效破解农村融资难的有效办法

目前兰考普惠授信工作正在全面开展，已对61591户完成基础授信，银行与用信农户已签订贷款合同2893户、授信金额9806万元，2017年底实现兰考县16万户农户“普惠授信户户全覆盖”。试验区创建以来，兰考县银行业机构已发放农户小额贷款8001笔，金额5.9亿元，农户贷款可得性与满意度不断提升。通过推广普惠授信，农民贷款难问题得到有效解决。

4. 缓解了农村金融融资贵的问题

积极运用支农再贷款货币政策工具，配合有关财政奖补政策，有效地降低了农村金融融资成本。通过月度数据统计分析发现，薄弱领域利率下行，定向发力效应初显。2017年以来，整体利率水平趋于稳定，涉农、小微企业贷款利率水平下行。支农、支小、扶贫再贷款、再贴现、定向降准以及对“三农”、小微企业的财税扶持政策效应已经呈现。

5. 提升了农村金融服务的便利性

通过优化县域央行公共金融服务、建立普惠金融服务站、完善农村产权交易平台、推广“普惠金融一网通”微信公众平台和普惠通App，金融服务的便利性显著提升。

6. 促进乡村干部及群众金融知识的提升和金融意识的觉醒

在普惠金融工作开展中，通过提高乡村干部的参与度，增强金融知识的普及与宣传，促进了乡村干部及群众金融知识的提升和金融意识的觉醒。一是加强普惠金融知识的宣传和培训力度；二是依托服务站建立“十不准”制度，调动乡村干部协助金融业务开展；三是通过驻村工作队员以点带面的普惠金融宣传，提高群众的金融素养。

四、兰考普惠金融改革试验区的建设经验与未来发展方向

普惠金融发展是世界性难题，兰考县普惠金融改革试验区建设经验表明，敢于探索、勇于创新，是能够有所作为的。但是，也要清醒地认识到，兰考县普惠金融改革试验区较短时间内的探索离最终目标还有很大距离，特别在当前金融发展不平衡不充分的背景下，兰考作为全国唯一的国家级普惠金融改革试验区，可谓任重而道远。在未来的探索中，兰考县普惠金融改革试验区要以《总体方案》为依归，探索出一条经得起时间验证、可复制推广的普惠金融新机制、新路径、新模式。

（一）以数字普惠金融为方向，着力解决普惠金融的降成本、提效率、扩服务边界问题

兰考县普惠金融改革试验区建设的初步实践证明，只有充分运用“互联网+”思维，将数字技术与普惠金融相结合，才能有效降低金融服务成本，提高普惠金融覆盖率，使普惠金融真正做到“惠及人人”。因此，兰考县普惠金融改革试验区在未来的探索中，一要鼓励传统金融机构要加强数字技术的应用，加强与金融科技企业的合作，实现优势互补，通过创新产品服务和商业模式，有效降低普惠金融运营成本。二要充分利用互联网、大数据等技术，向县域农村地区延伸金融服务，使普惠金融覆盖所有传统金融由于物理网点限制无法享受到有效金融服务的群体，切实提高普惠金融覆盖率。三要树立“互联网+”思维，完善数字金融体系，建设涵盖金融支付平台、大数据信用体系等功能在线上低成本、低风险、高效率的服务供给，最终打造线上线下齐头并进的普惠金融发展模式。

（二）充分发挥传统金融机构的系统优势，提升其普惠金融参与度

推动普惠金融向纵深发展，需要各类金融机构的充分参与，特别是要充分发挥大型金融机构的优势，形成多层次、广覆盖、有差异、可持续发展的金融组织体系。一要提高金融机构意识，增强社会责任感。金融要回归本源，不能只追求

利润，强化责任和担当，在普惠金融和扶贫工作中发挥应有作用。二要充分利用各类金融机构优势。发挥政策性金融机构资金成本低优势，降低县域小微企业融资成本。发挥大型商业银行“普惠金融事业部”的作用，延伸服务网点，扩大县域分支机构业务权限，提高金融服务覆盖率和可得性。引导股份制商业银行向县域延伸金融服务，提升服务水平。发挥农商行贴近农村优势，增强自主经营能力，创新支农产品，加大金融支持。三要引导金融机构细化相关政策，让政策真正落地，有效落实“尽职免责”等要求，提高普惠金融贷款容忍度，消除基层信贷人员顾虑。

（三）廓清市场边界与政府职能，充分发挥好政府引导作用

普惠金融是扶贫攻坚的重要组成部分，也是贫困户脱贫奔小康的重要途径，地方政府在开展普惠金融工作中要发挥引导作用。普惠金融工作中有许多类似于“公共物品”，只有充分发挥政府的作用，才能有效解决弱势群体享受传统金融不足的“市场失灵”问题。复制推广兰考县普惠金融经验，要坚持市场主导下地方政府作用的发挥，一是改善基础设施，夯实金融普惠的运行支撑。二是强化配套政策支持，加强财税政策激励引导，如建立资金补充机制，设立贷款风险补偿基金和信贷周转金，发挥财政资金杠杆撬动作用，实现金融政策与地方财税政策协调联动。三是搭建政、银、企合作平台，共同搭建服务平台、信息平台，吸引银行、证券、保险、产业基金、担保机构等多方参与，构建金融与经济良性互动、企业与银行共同发展的长效机制。四是有效发挥村“两委”熟悉农户的优势，建立普惠金融村级服务站，将普惠金融真正深入基层老百姓中，切实解决由于缺乏移动支付工具，数字普惠金融无法覆盖所有人群的问题，真正打通普惠金融服务“最后一公里”。

（四）坚持市场化原则，促进普惠金融可持续性发展

普惠金融的本质还是金融，不是福利，在普惠金融发展中必须发挥市场的主导作用，只有坚持市场化原则，才能使得普惠金融更具有生命力，才能实现可持

续发展。一是普惠金融提供的是价格合理的金融服务，并不意味着一定是低利率，也并非价格越低越好。参与普惠金融的金融机构必须能够实现保本、微利，这样才能增强普惠金融可持续发展。二是政府承担的成本不能越过一定的边界。普惠金融所涉及的“三农”、小微企业等领域一般风险均较高，政府为引导金融机构积极开展普惠金融，出台风险补偿机制，在财力所及的范围内承担一定的风险是必要的，但是不能杠杆过高，超越当地财力，也同样会产生风险，最终导致普惠金融的不可持续。

（五）坚持合规意识，防范金融风险

当前，普惠金融发展受到国家高度重视，普惠金融同时也站在一个道德制高点上，一些不法机构打着普惠金融的旗号从事非法金融活动，给大量普通金融消费者造成了伤害，也影响了普惠金融的健康发展。普惠金融发展，一要坚决打击披着数字外衣的非法金融活动，引导普惠金融健康发展。二要健全金融消费者权益保护机制，要密切关注不法分子、诈骗者打着普惠金融的旗号，披着互联网金融的外衣，提供虚假收益的理财产品。加强金融消费者权益保护监督检查，及时查处侵害金融消费者合法权益行为。三要坚持合规意识，创新要有底线，要有边界，防范金融风险。

第九章　金融支持新型城镇化的目标模式与路径选择

我国的新型城镇化建设需要大量的资金支持，但地方政府的财力很难满足如此巨大的资金需求。金融支持新型城镇化的目标模式应是政府引导型的多元化融资模式，同时，还要应转变发展思路，选取新的发展路径，提高金融支持的水平和力度、建立健全金融支持体系、完善相关的金融配套政策制度，从而加强金融支持对我国新型城镇化发展的推动作用。

第一节　金融支持新型城镇化的目标模式

一、金融支持新型城镇化的作用机理

金融作为现代经济的核心，对城镇化进程的顺利开展起到了重要支持作用。一方面为城市基础设施建设、房地产开发及工业发展提供了可观的信贷资金支持；另一方面，使农业、农村经济和乡镇企业能够在坚实的资金基础上得到充分发展，不断提高农民收入水平，推动乡镇向城镇迈进。

金融业最核心的作用在于实现资源的空间流动与时间错配，资本供给和资本配置是金融支持城镇化发展的两个主要渠道。资本供给主要是动员、集中社会闲散资金，通过直接融资或间接融资渠道为新型城镇化提供资金。资本配置则是通过金融机构、证券市场在差别化利率、差别化的投融资政策，促进资本实现跨城乡、跨产业、跨区域的有序流动与重组，进而促进包括劳动力、土地、技术等社会生产要素的优化配置，促进农村人口、公共设施、社会服务、产业资源不断向城市空间聚集。其中，提高资本的配置效率是金融对城镇化支持的核心机制。

金融对城镇化的支持机制重点表现在支撑基础设施和公共服务设施建设，支撑产业结构优化升级，支撑并促进人力资本集聚和人力资本素质提高等三个方面。

（一）支撑基础设施和公共服务设施建设

作为城市系统的重要组成部分，基础设施和公共服务设施是城市综合服务功能的物质载体，也是城市赖以生存和发展的基础。它既能提高城市的辐射功能和服务水平，又可以改善投资环境。城市向周边地区辐射文化、技术、产品，要靠基础设施和公共服务设施提供物质保障，同时基础设施和公共服务设施的不断完善使生产效率提高，交易成本降低，将会吸引更多外资注入，促进更多的人口转移与流动，从而加快城镇化发展步伐，提高城镇化发展质量。

城镇化发展中的基础设施和公共服务设施资金需求量庞大，单靠财政资金无济于事，必须多管齐下，依赖创新性、高效率的金融体系提供坚强后盾。金融体系凭借自身的专业优势，在动员储蓄与协调投资两个方面能够发挥核心作用。同时，伴随金融工具、金融产品的不断创新与丰富，金融机构的增加、金融组织行为边界的日益拓展，将会创造更多的流动性、降低市场交易费用、分散投资风险、提升投资成效。

（二）支撑产业结构优化升级

产业是一个城市生存和发展的基础，是城镇化建设源源不断的动力，对区域经济和社会的发展起到重要的支撑作用。

相关理论研究表明，金融发展对产业发展及结构优化有巨大的支持和导向作用。随着经济的增长，人们的收入不断增加，对新兴产业部门提供的产品和服务的需求也随之增长。因而新兴产业部门需要更多的金融服务，而向传统产业部门提供的金融服务就相应减少。在金融服务总量持续增加和水平不断提高的背景下，产业发展更加倾向于对高附加值产品的投入和生产，进而引起产业结构的不断调整和优化。相关实证研究结果表明，金融发展水平越高，产业结构升级就越快。此外，金融还可发挥资本积聚效应、技术创新效应、资源配置效应、公司治理效应等多重功能，促进经济转型升级。

（三）支撑并促进人力资本集聚和人力资本素质提高

城镇化进程既体现为多主体、多因素、多元化的博弈过程，又是城乡二元结构逐渐解体、农村居民不断从农村向城市迁移、融入城市发展的过程。进入城市的劳动力在城市要实现稳定就业和生活，则需要政府从内外两方面强化对进城人口的人力资本投资，提升农村居民迁移到城市后向城市居民过渡的能力，特别要强化新城市居民的跨代生存与发展能力，以真正实现城市的融入、身份的转化。

金融在人力资本形成以及人口转换的过程中扮演着重要角色。金融支持能够为从农村迁移进城的新城市居民子女提供更高的教育资金投入，与城市居民一样享受到均等化的优质教育资源，在其人力资本投资上提供免费的支持或有偿的帮扶，显著增强其子女的跨代生存与发展能力。同时，城镇化不仅是城市规模和城市人口增长，其内涵十分丰富，涵盖了教育、医疗、生育、养老、环境、文化、价值观念、思维模式等多个维度的发展与提升，随着人口向城市的快速流入，对以上所涉及的城镇公共服务需求迅猛增加，这些项目的建设有着巨大的资金需求，亟须政策性和商业性金融的协力支持。

二、新型城镇化建设资金供求预测

新型城镇化建设的资金需求主要包括产业投资、消费升级、基础设施建设和公共服务支出四大块，前两块的资金需求更多的是一种市场行为，可以由市场主体自主解决，后两块大多需要政府资金投入。

（一）新型城镇化建设的资金需求测算

首先测算未来的城镇化建设率，并根据人口增长率测算出新增城镇人口，同时要考虑半城镇化建设人口的市民化水平的提升；其次，需要设定新增农业转移人口的人均基础设施投资和公共服务支出水平；最后对各方面的资金需求进行汇总。

（1）假定 2019—2026 年，城镇化建设率年均增加 1 个百分点，在 2026 年底将达到 66.52%左右。

（2）采用新增城镇人口人均 10 万的基础设施建设投资，人均 8 万元的市民化成本进行测算。

（3）在人口增速上，以近十年来我国人口自然增长率大致为 5‰作为未来 8 年我国人口的年均自然增长率。

（4）需要进一步市民化的农业转移人口数量为 1.6 亿人，并平均分摊到未来 8 年里。

（5）假设现在城镇中农业转移人口市民化程度平均为 45%，2019—2026 年每年深化 2000 万已转移农业人口的市民化程度。

（6）基础设施投资的资金需求一半来自财政，一半来自金融，公共服务支出均直接或间接来自财政。具体预测数据如表 9-1：

表 9-1　2019-2026 年城镇化建设发展的资金需求预测值（单位：万人；万亿元）

年份	新增城镇人口	深化市民化程度人口	基础设施投资	公共服务支出	财政资金供给	金融资金需求
2019	1488	2000	3.84	2.05	2.78	1.01
2020	1516	2000	3.90	2.07	2.81	1.82
2021	1538	2000	3.91	2.09	2.84	2.64
2022	1561	2000	3.93	2.10	2.87	3.48
2023	1582	2000	3.94	2.12	2.90	4.32
2024	1604	2000	3.99	2.13	2.93	5.17
2025	1626	2000	4.05	2.15	2.94	5.92
2026	1648	2000	4.07	2.17	3.01	6.78
累计	12563	16000	31.63	22.59	23.08	31.14

从预测值来看，到 2026 年，基础设施领域的新增投资需求至少要 31.63 万亿元，新增公共服务支出 22.59 万亿元，合计至少需要 54.22 万亿元，其中需要财政资金 23.08 万亿元，金融资金 31.14 万亿元。

（二）新型城镇化建设的资金供给测算及供求缺口

新型城镇化建设的资金来源渠道主要包括金融、财政和民间资金。这里只考虑财政和金融资金。假设：

（1）考虑我国较长时期以来所强调的必须实施稳健的货币政策，保持货币信贷和社会融资规模合理增长，因此假设未来 10 年，社会融资规模以年均 15%的速度增长。

（2）考虑我国经济正处于结构性减速期，假设财政支出规模和土地出让收益在未来 10 年均以年均 10%的速度增长。

（3）基础设施投资资金需求由财政和金融各承担一半，公共服务支出完全由财政资金承担。

（4）土地出让收益全部用于城市建设和公共服务支出，社会融资规模的 10%支持基础设施建设。具体测算结果如表 9-2：

表 9-2 2019—2026 年城镇化建设资金供给预测值（单位：万亿元）

年份	土地出让收益	新增财政支出	社会融资规模	财政资金供给	金融资金供给
2019	1.21	2.30	42.84	1.62	4.12
2020	1.28	2.51	43.65	1.78	4.16
2021	1.36	2.72	44.47	1.95	4.21
2022	1.44	2.93	45.30	2.13	4.27
2023	1.52	3.14	46.14	2.32	4.35
2024	1.60	3.35	46.95	2.52	4.44
2025	1.68	3.56	47.81	2.73	4.54
2026	1.76	3.77	48.68	2.95	4.65
累计	11.85	24.28	365.84	18.00	34.74

从测算结果来看，2019—2026 年的财政资金大致能提供 18 万亿元，金融供给大致可提供 34.74 万亿元。从总量上看，基本上可以满足 54 万亿的资金需求，但是财政资金大约存在 5 万亿元的缺口，这需要借助金融资金来弥补。但是金融资金不可能直接用来弥补财政缺口。从时间轴上看，城镇化建设发展能够给地方政府带来一系列诸如土地增值收益、税收增加和使用者收费项目的增多等“红利”，但是这些“红利”是长期的且随着城镇化建设水平和质量的提高而不断提高，这也就是说城镇化建设投入和城镇化建设“红利”之间存在较长时间的错位。因此，

金融支持新型城镇化建设发展就是需要发挥金融体系的跨期资源配置功能，实现城镇化建设发展融资的财务成本在较长时间轴上的分摊和平移。

三、金融支持新型城镇化的目标模式

不同国家金融支持城镇化的融资模式千差万别。西方发达国家城市化融资模式大致可分为市场主导和政府主导两大类：一是以自由市场主导的城镇化投融资模式，需要有较为完善的市场环境和配套机制，一般采取地方政府发行债券、企业或项目主体贷款、资产证券化等多样化方式融资，以美国为典型代表；二是以政府主导的城镇化投融资模式，主要分布在欧洲国家，政府行政调控力量广泛参与管理城镇化投融资。由政府财政预算或在长期预算可偿还范围内向银行借款投入建设城市非营利性基础设施项目，允许私企通过市场融资进入经营性项目，同时政府提供一定比例的注册资金，该模式以欧洲国家如法国为代表，操作方式上主要有公私合作（PPP）、建设—经营—转让（BOT）和移交—经营—移交（TOT）等。我国的城镇化时间较短，城镇化建设的投融资模式以政府主导、财政性融资为主，辅之以政策性金融支持，近年来则突出体现为土地出让财政和地方政府平台融资等模式。

我国金融支持新型城镇化的目标模式应是政府引导型的多元化融资模式，一方面发挥政府的引导作用，强化和规范政府职能；另一方面则应积极发挥市场优势，创新和完善多元化融资渠道。城镇化建设过程需要大量资金投入，将产生很大的资金需求量，要充分发挥政府职能进行规划与市场的资源配置作用。

（一）充分发挥政府引导作用

首先，应尽快界定中央与地方的事权和财权，实现二者财权与事权的匹配，合理确定各级政府在教育、基本医疗、社会保障等公共服务方面的事权。在财权划分上适度向地方政府倾斜，减轻地方政府财政负担，健全城镇基本公共服务支出分担机制。

其次，应继续发挥好政府在基础设施和公共服务中的引导作用，从重点投资于生产性领域转向更加关注非生产性、社会性基础设施的投资。政府应在非生产性、社会性基础设施领域发挥更大作用，对于经营性和准经营性项目则以政府引导为主，更多引入并发挥民间资本和外资的作用。

再次，要完善地方主体税体系，如开征各种资源税、房产税、城市开发税种使地方有足够的财力集中建设非经营性基础设施和公共服务设施。完善财政转移支付制度，加大城市间公共服务均等化政策的研究，平衡大中小城市之间的财力差距。发挥财税政策的激励机制实行有奖有罚的财税政策，鼓励城市空间资源和耕地的合理利用，使财税政策实现城镇发展战略等方面发挥更大的作用。

最后，要改革政绩考核体系，促进政府转变职能。目前，城镇化过程中的许多问题，根源就在于政府职能转变滞后，城镇化健康发展要求尽快转变政府职能。为了促进政府转变职能，按照科学发展观要求来改革和完善现行政府绩效考核体系，考虑根据不同地区的自然资源环境承载能力，进行功能分区，并针对不同功能区的功能定位，实行差别化的财税政策、土地政策、人口管理政策和绩效评价考核体系。可以考虑选择若干省份开展实行分类管理的区域绩效考核试点，弱化“行政区划”，强化“经济区划”，逐渐消除行政级别对城市经济发展的束缚。

（二）创新和完善多元化融资渠道

1. 大力发展资产证券化融资模式

资产证券化是指将一组流动性较差的资产通过特殊目的机构，对其进行结构性重组，使得该组资产能够在可预见的未来创造稳定现金流，并实施一定的信用增级，从而将其预期现金流转换为可在金融市场出售、流通的证券产品的过程。当前，地方政府基础设施建设中很大部分均有稳定的现金流，符合资产证券化融资的要求，比如收费高速公路、公园门票、水务以及交通等。同时，这部分项目在建设过程中广泛实行建设—移交（BT）或者建设—经营—转让（BOT）等运营模式，可以尝试将这些项目打包发行资产证券化产品，提高资产的流动性，加速项目的资金回收。此外，我国资本市场已有政府建设—移交（BT）项目资产证券化的成功案例，这也为推广这一融资模式提供了宝贵的经验。

2. 改善地方政府负债结构，发行市政债券

相较于其他融资方式，债券融资具有如下优势：一是债券融资对发债主体信息披露要求较高，有助于减轻资金供给双方的信息不对称；二是地方政府利用债券融资，能根据项目建设需要合理选择期限，实现项目收入和偿债资金的匹配；三是债券融资面对的是广大投资者，地方政府的偿债硬约束较强，有助于提高地方政府的资金使用效率；四是相对于银行贷款等融资方式，债券融资将地方政府的隐性债务显性化，届时配合恰当的风险预警以及债务规模监控指标和机制，可以化解贷款过多造成的财政和金融风险。

可以借鉴美欧等发达国家经验，先发行有稳定收入来源的城镇基础设施收益债券，随着债券市场化发行机制和地方政府债务管理制度的逐步完善，再推出一般责任债券。首先，在中央政府层面，应制定修改相关法律法规，以法律形式确定地方政府发债权，明确发债主体资格、审查和批准程序。其次，在地方政府层面，应根据地方经济发展规划制定具体的发债计划，根据本级财政收入情况确定合理安全的发行规模，严格限定债券发行用途。同时，加强地方人大对当地政府发债申请的监督，从制度上对市政债券发行运行加以约束，杜绝重复建设。最后，建立市场化的市政债券定价、偿债机制及信息披露制度，以吸引机构和个人投资者积极购买，最终实现市政债券逐步取代地方政府融资平台公司发行的城投债，确保市政债券成为地方政府高效、可持续的重要融资来源。

3. 以 PPP 为突破口，加快项目融资的规范化

PPP（公私合营）是指政府机构通过与私人部门建立伙伴关系，目的是为城镇化建设提供基础设施、公共事业和公共服务产品，双方联合设计开发，风险共担，到期后再把项目转交给地方政府的一种建设模式。这种合作以特许权协议为基础，并需要签订一系列合约确立双方的权利与义务。PPP（公私合营）模式具备三个特点：一是合作关系，二是共享利益，三是共担风险。

多国实践表明，在基础设施及公共服务领域引人社会资本或私人资本，采取政府和社会资本合作的模式不仅可以扩大融资渠道、降低融资成本，减轻政府财

政压力，降低债务风险，而且还能够改善公共财政和政府治理，提升公共基础设施产品和服务的供给效率。与许多国家相比，我国社会资本参与基础设施及公共服务领域程度还处于较低水平。2015 年第一季度数据显示，2 万亿元的 PPP（公私合营）项目真实签约率不到 10%。PPP（公私合营）项目签约率低、落地难的原因在于：一是项目自身原因，表现为项目投资规模大且周期长、项目风险高但利润率低、项目资产专用性强等；二是参与主体方面的原因，表现为政府顶层设计不完善，行政效率不高，社会资本参与 PPP（公私合营）项目态度谨慎，银行虽对 PPP（公私合营）项目响应积极，但实质性参与度不高等。内在的根本性原因则是信息不对称下的路径依赖、不完全契约及组织间信任缺失，降低了 PPP（公私合营）相关主体之间合作的积极性。

未来新型城镇化建设中试点推广 PPP（公私合营）模式应考虑：

一是要完善法律法规，解决信息不对称，增进主体间信任。通过构建统一完善的 PPP（公私合营）法律法规，整合国土、财政、建设等相关部门的政策、法规及规定，保障 PPP（公私合营）相关主体在统一的法律法规框架下充分谈判协商，缓解主体之间的信息不对称；用合同约束 PPP（公私合营）项目主体行为，通过合同明确规定相关主体在 PPP（公私合营）项目整个生命周期中的风险与收益、权利与义务。

二是建立健全体制机制，提高推广运用 PPP（公私合营）模式的效率。通过优化政府关于 PPP（公私合营）模式的行政流程，提高行政效率；建立专业 PPP（公私合营）项目管理机构，能够独立地进行 PPP（公私合营）项目管理和咨询服务，满足不同行业的 PPP（公私合营）模式应用需求，建立公平有效的风险分担和利益协调机制。通过公平公正的协商谈判，保障相关主体参与 PPP（公私合营）模式的机会平等，客观评价项目的风险收益。建立灵活便捷进入和退出机制，通过市场竞争的方式引入社会资本，提高公共产品和服务的供给效率。对不愿意继续参与 PPP（公私合营）项目、管理运营效率低下、没有履行合同意愿或能力的社会资本提供法制化、市场化的便利退出渠道。

三是创新政策保障方式，提高相关主体参与积极性。针对不同类型的项目制定相应鼓励政策，督促项目发起方着力提高 PPP（公私合营）项目质量。充分发挥商业银行在项目撮合、投资评估、规划咨询、资金投放、风险控制、财务顾问等方面的综合性金融服务优势，鼓励和引导商业银行全程深度参与 PPP（公私合营）项目。加大金融政策的支持力度，充分发挥政策性银行的导向和引领作用。通过基金注资、投资补助、贷款贴息、担保补贴等多种方式，积极支持金融机构参与 PPP（公私合营）项目。充分发挥财政资金的杠杆和保障作用；通过参股设立支持基金引领社会资本、运营商等参与 PPP（公私合营）项目。

四是规范 PPP（公私合营）项目管理，持续改进和优化 PPP（公私合营）模式。以规范流程管理提高 PPP（公私合营）模式推广效率，按照行业经营特性、经营类型等属性细化项目论证，逐步实现流程的标准化，让社会公众、社会资本及融资机构等参与物有所值评价、财政承受能力评估等步骤，增进相关主体间信任。

4. 扩展城市开发基金及产业投资基金

城市发展基金通过向特定机构投资者筹集资金，用于城镇化基础设施建设，并向其提供经营管理服务的利益共享、风险共担的集合投资方式。城市发展基金是由地方政府牵头发起设立，并由财政部门负责，通过地方政府融资平台公司具体执行操作，募集的资金主要用于城市建设的基金。其投资方向为地方基础设施建设项目，通常为公益性项目，例如市政建设、公共道路、公共卫生、保障性安居工程等。通过财政性资金还款，还款模式主要为债权，最终由地方政府融资平台提供回购。设立城市发展基金，可以较好地缓解地方政府的财政融资压力。

城市产业基金是指一种通过向多数投资者发行基金份额设立基金公司，由基金公司自任基金管理人或另行委托基金管理人管理基金资产，委托基金托管人托管基金资产，从事创业投资、企业重组投资和基础设施投资等实业投资的集合投资制度。按投资领域的不同，产业投资基金可分为创业投资基金、企业重组投资基金、基础设施投资基金等类别。其中，由地方政府产业园区或产业资本牵头发起设立的，用于某类特定产业发展的基金称为城市产业基金。

5．合理利用各种融资租赁模式

融资租赁是一种以租赁物所有权和使用权相分离为特征的融资方式。其融资方式灵活，承租人可以结合自身状况选择直接融资租赁、售后回租、杠杆租赁等方式。融资租赁在我国城市基础设施建设中已经有了初步应用，主要表现为以下两种模式。

（1）直接租赁模式。

直接租赁模式指金融租赁公司根据政府的意愿和要求，委托项目建设机构进行基础设施项目开发，建成后租赁公司将基础设施出租给政府，政府定期向租赁公司支付租金，租赁到期后政府再以少量资金购买基础设施。资产租赁额以租金方式逐年分摊机制使得其表现出较好的投资乘数效应，即投资主体在投资初始阶段只要支付少量租金即可开始运营此资产。在城市基础设施建设中，特别是在轨道交通、城市供水和污水处理、电网、公共交通等 建设中，设备投资会占相当大的比例充分运用设备直接融资租赁，可以大幅度缓解投资压力。

（2）售后回租模式。

售后回租模式即政府把已经建成的基础设施出售给租赁公司取得出售收入，之后再作为承租人向租赁公司租回出售的基础设施进行使用，并定期缴纳租金，到期后再回购基础设施的方式。售后租回的主要目的是盘活存量资产，将其转变为流动性强的现金资产。在城市基础设施建设项目中，可以将已建成的存量资产先出售后租回，这既可缓解公司新建项目的资金压力，又不影响企业正常的生产经营，从而形成滚动开发的格局，加快城市基础设施建设的步伐。

（三）构建系统的互补性强的金融供给体系

新型城镇化进中，应对已形成的各个融资主体进行规范，合理引导潜在资金的流向，明确建立监管体制，形成财政税收、政策性金融、地方政府融资平台、社会资本等多元化金融供给体系，建立以金融市场融资为主、财政税收作为最后保障的城镇化建设资金保障体系。

一是大力发展资本市场，实现金融供给主体多元化。资本市场相对于银行体系而言，资源配置的效率更高。发展资本市场，首先是要构建完善的多层次的股权投资体系。目前我国城镇化建设直接融资比重小、间接融资比重大，资金使用效率偏低，今后要逐步增加风险投资（VC）和私募股权投资（PE）等股权形式的直接融资比重。发挥好股票、债券、产业基金等融资工具的作用，更好地满足多样化投融资需求。同时，要构建多层次“正金字塔”型的资本市场体系。现在我国股权投资行业发展的关键问题是退出通道过于单一。实现退出渠道多元化，重要的是改变中国资本市场倒金字塔的分布状况。“正金字塔”型的资本市场体系是指资本市场的最顶端是主板市场，接着是二板市场，最底层是柜台交易。层级越高，受众面越小，门槛越高。这一转型过程关键在于拓宽资本市场体系的“塔基”，推进新三板进一步扩容。

二是鼓励大型股份制商业银行进行金融业务的创新。商业银行与地方政府合作共同组建城市建设专项投资基金，以国有金融资本作为一般合伙人和基础设施投资基金的专业基金管理机构，充分发挥其他民间资本作为有限合伙人共同参与城镇化建设，既可以拓展银行的经营业务又可以利用民间资本发挥杠杆作用，实现分散风险和提高资金使用效率的目标。

三是要发挥货币金融政策的引导作用。对参与城镇化建设力度较大的金融机构，在再贷款可以在再贴现、存款准备金等方面给予倾斜，在相关金融市场准入、新金融业务开办等方面给予优先权。

四是要创新面向“三农”的金融服务。农村金融发展缺乏有效抵押物，应创新抵押担保方式，尝试土地流转收益抵押、采矿权、林权抵押贷款、宅基地使用权抵押、农民专业合作社担保等金融产品，开发订单融资、应收账款融资、存货融资等，实现资源要素的资本化。激活城镇化建设中的产业链、销售链各个环节的闲置资产。扩大人民银行贴息贷款政策范围，对城镇化建设薄弱环节给予贴息贷款支持。

五是积极争取开发性贷款。充分利用外资特别是世界银行、亚洲开发银行等国际开发性金融机构的低息贷款。构建分工合理的金融供应体系：农业银行要发挥跨越城乡的优势，进一步优化网点运营网络布局，提升服务功能，打造现代农业金融服务体系，探索和推广现代农业服务模式。邮政储蓄银行应强化零售银行的市场定位，通过积极发放小额贷款支持城镇居民就业创业。农村信用社要继续深化改革，加快完善产权制度和治理结构，维护和巩固县级机构的法人地位。积极引导农村商业银行、村镇银行、农村资金互助社等新型农村金融机构的本土城镇化。国家开发银行应发挥开发性金融优势，鼓励其发行城镇化建设债券，国家给予增信支持。农业发展银行应发挥政策性金融的优势，加大对城镇公共设施、公共服务、城镇民生等具有较强公益性领域的金融支持，加强对城镇小微企业、农业产业化企业、家庭农场等领域的金融支持。

第二节　金融支持新型城镇化的路径选择

一、金融支持新型城镇化的薄弱环节

由于金融市场结构失衡与城乡金融体系分割，当前我国金融体系难以有效支持新型城镇化。

（一）金融体系城乡分割问题突出

我国城乡之间金融制度安排存在差异，农村金融服务供给严重不足，贷款难、贷款贵的资金脱农现象明显，农业经营主体信贷可获得性较差。城乡抵押权利不平等，城镇居民住房产权、大部分国有土地使用权、企业设备等都可以用于抵押，农村的宅基地使用权、生产周期长的经济作物、养殖的猪羊、企业投资的设备厂房，不能作为抵押的标的物。城乡资金价格也不平等，农村居民或企业融资要比城市居民付出更高的成本。农村征信体系缺失，导致信息不对称、贷款审核难度大。城乡金融机构向农村覆盖延伸不足，城乡网点占有率和覆盖率差距较大。

（二）长期融资工具明显短缺

城镇化建设投资资金需求量大、建设周期和投资回收周期相对较长。然而目

前城镇化融资主要依赖于短期性的银行贷款和信托资金，缺乏常规化的便捷的中长期融资工具，难以实现城镇化建设融资的财务成本在较长时间轴上的分摊和平移。应当加强政策性银行在提供长期融资方面的作用，弥补长期融资市场的供给短缺。政策性银行可以在支持资本市场长期工具的使用方面发挥积极作用，发行有助于支持固定收益市场发展的创新金融工具，为地方政府债券提供担保等。所有这些方面，都有助于推动债务市场的长期发展，加强金融体系的稳定，为城市基础设施建设提供高效、稳定的长期融资渠道。

（三）农村金融生态尚待改善

目前我国农村金融发展状态需进一步完善。一是农村建设资金缺口巨大的状况没有根本改善。农村金融体系不完善，不能适应“市场在资源配置中起决定性作用”的需要。在农村金融市场，“贷款难”“贷款贵”的问题长期存在。二是定价机制不健全，不能实现完全的利率市场化。金融机构是经营货币的企业，利差收入是当前农村金融机构主要的收入来源，利率管理自然是农村金融机构经营活动的重要内容。当前，农村金融市场资金定价受各种因素制约，还无法完全实现市场化。三是农村金融基础设施落后状态没有根本改善，农村金融服务仍处较低水平。四是风险管理不够严密，难以守住不发生系统性金融风险的底线。从目前县域经济金融发展情况来看，最先守不住系统性风险底线的机构依次是融资性担保公司、小额贷款公司、村镇银行。此外，农村信用不透明，严重制约农村金融机构扩大规模和提高服务质量。农村金融需求主体的弱势性、农村信用体系不完善、法治环境不健全等问题长期存在，这加大了农村金融生态的改善难度。

二、金融支持新型城镇化路径的建设思路

解决新型城镇化建设的金融供给问题，核心是理顺政府和市场功能边界问题。金融支持新型城镇化建设的路径首先要建立在政府顶层设计的基础上，通过政策性的引导，通过市场机制将金融资源合理地配置到城镇化建设的战略性区域和新

兴产业。通过政策调节和市场调节两种手段，合理地开放金融行业，鼓励社会资金向金融领域流动，扩大金融规模，将闲置的资金转换为金融资产。创新金融制度，通过制度的创新提高金融效率，降低社会交易成本，加快储蓄向投资的转化和资金运转的效率。建立和完善多层次的融资体系，发展直接融资和间接融资两种融资方式。鼓励证券市场的发展和银行体系的完善。建立以商业银行、城市商业银行、农村商业银行、村镇银行、小贷公司、政策性金融机构为体系的多层次融资体系。实行差别化的金融政策，对投入到农村、新兴产业、基础设施建设中的资金要给予一定的政策倾斜和补贴。

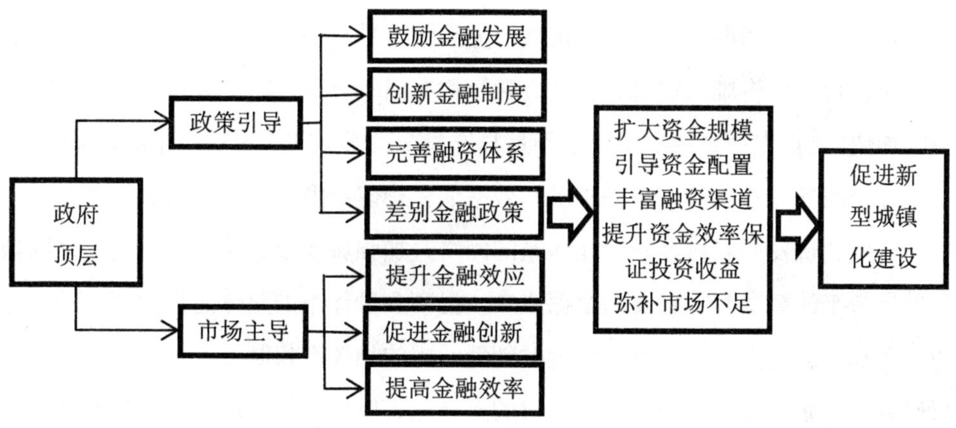

图 9-1　新型城镇化建设金融支持路径示意图

围绕中国新型城镇化建设的主要目标，金融支持新型城镇化建设路径的切入点可概括为：通过构建新型投融资体系、构建城乡一体化金融服务体系、优化信贷政策体系等途径，形成多层次、广覆盖、适度竞争、功能互补的金融支撑体系，强化金融对城镇化建设的引导和支持效应。

（一）构建新型融资体系

新型城镇化建设投融资体系应当发挥政府主导和引导投资的作用，通过市场化方式配置金融资源，将政府资金、产业资金、民营资本、金融财团资本、金融市场资本以及外资等纳入到体系之中。在财务杠杆上要注重提升政府资金的杠杆效应，在项目包装上要进行资本统筹和项目统筹，在融资渠道上要将各种投融资工具创新和组合使用，进行专业化运营、规范化运作，强调资本运营意识，重视现金流稳定性和资产流动性。在新的体系中，政府应明确自身的角色定位，制定城镇化建设总体规划、产业定位与发展规划、城镇化金融生态体系的产业政策、金融产业和金融创新产业政策、城市发展投融资财税政策等，支持和推动投融资工具的创新，通过城镇化建设引导资金和产业资金投资项目。

（二）构建新型城乡一体化金融体系

当前金融支持城乡发展一体化存在很多不足。一是支持力度明显不足。当前银行投入贷款占当期投资的比例极低，如果没有足够的信贷资金介入，城乡发展一体化建设目标将难以实现。二是金融机构布局不合理。随着城乡一体化建设步伐的加快，当前农村金融机构网点不足与农村金融服务需求增长的矛盾日益严重。三是金融服务方式单一、服务质量和效率低。构建新型城乡一体化金融体系，一方面，要加快发展农村金融功能体系的网络，加强城乡金融的均衡发展，消除城乡差异带来的壁垒和不必要的摩擦成本，提高金融体系的整体运作效率。另一方面，要加快完善支持激发城镇化金融创新活力的相关产权制度。在土地承包经营权确权基础上，推动土地承包经营权的资产化、股权化和市场化，有效解决农民的抵押难问题。

（三）优化信贷政策体系

商业银行应根据城镇化建设中产业化发展的信贷需求，调整优化现有相关信贷政策，主动向城镇化建设方向倾斜。一是重点支持现代农业、新型工业、现代物流和服务业、城市基础设施建设等领域，尤其要加大对城乡一体化中产业融合的金融支持力度，逐步出台差异化的区域信贷政策。二是支持创新型企业发展。充分考虑低碳和环保因素，促进资金从高污染、高能耗产业转移到低碳产业，引导信贷资源投向符合国家政策的新兴、先进、绿色产业，推动产业结构调整和升级，支持生态化城镇建设和发展。三是创新服务产品，提升服务层次。从信贷、结算、理财等方面开展“一站式”服务，满足企业多样化、个性化的金融需求。

积极开展中小企业股权质押贷款、应收账款质押、仓单质押等品种。针对新型农业经营主体，创新满足农业产业化发展的信贷产品，大力运用林权抵押贷款、订单农业贷款等信贷新模式促进农业规模经济效益的提升。支持城镇居民就业创业，灵活运用促进就业小额担保贷款、农民工创业贷款、扶贫贴息贷款、联保贷款等模式，扶持城镇失业和就业困难人员创业就业，有效提高小城镇建设的金融服务覆盖面和满足率。

三、金融支持新型城镇化的路径选择

（一）金融支持新型城镇化的路径选择

1．坚持市场主导、政府引导

各级政府通过完善城镇基础设施、公共服务条件，实施差异化产业政策、诱导性财税优惠政策，引导金融资本和民间资本投向城镇化建设重点领域及关键环节。市场在政府政策引导下充分发挥市场机制在城镇化建设资源配置中的决定性作用，努力提高资源利用效率和城镇化建设效益。以责权利对等的合约规范各种经营主体的经营行为，广泛吸引社会资本进入市政公用事业领域。财政资金主要支持无现金流、无收益的纯公益性项目，并通过建立财政资金引导基金，全方位吸纳社会各类资金投入新型城镇化建设。政府要积极推进信息透明度、构建良好的金融生态环境。

2．政策性金融和商业性金融融合发展

积极发挥政策性金融在支持农业、重大基础设施建设项目等方面的作用，拓宽低成本、长周期、安全性高的融资来源渠道。发挥商业性金融在促进产业发展和结构升级方面的优势，加强对城镇化建设中能产生现金流的经营性项目的支持力度，增强对重点产业及中小城市、中小企业的金融供给，实现新型城镇化的产城融合发展。

3．建立多元化融资渠道

赋予地方政府自主举债权，建立健全地方债券发行管理制度，不断创新市场

债等融资工具。大力发展资本市场，推进资产证券化，建立产业链投资基金，为新型城镇化的建设提供多元化的资金支持，发挥市场在资金配置中发挥决定性作用的城镇化资金保障机制。

4. 推进城镇化金融支持模式动态化发展

城镇化是一个动态过程，具有一定的周期性特征，发展阶段不同，也具有明显的区域特征，其金融支持领域和重点也不尽相同。金融体系同样具备动态发展特征，可以随着城镇化发展演进不断调整，创新完善支持机制，加强顶层设计，构建动态化的金融支持城镇化发展路径，城镇化发展水平高的东部，选择以市场化为主导的金融支持模式。城镇化发展水平低的西部，选择以政府及政策性银行为主导的金融支持模式。

第三节　金融支持新型城镇化融资模式、路径优化的政策建议

一、金融支持政府融资多元化，促进城市基础设施建设

政府在市场中的调节手段是重要的资源协调力量，能够让闲散在社会中的金融资源活动性增强以保证我国的新型城镇化建设能够获取到充足的建设力量。各级地方政府应熟悉并运用 PPP、BOT、TOT 等项目融资模式，引导多元化的社会投资主体参与城镇化进程，鼓励私人资本投资于城镇化建设项目并盘活城市基础设施存量资产，这既能够有效弥补财政资金投资城镇化建设的资金缺口，又可以有效利用私人部门在创新和管理方面具有的优势，促进城市经济的持续、快速、健康发展。

随着民间资本的成熟和资本市场的发展，政府的城市基础设施建设可以选择的融资模式也日益多元，为了更好地推进城市基础设施的建设，政府可以结合项目的不同特点，选择性地进行融资。对于一些关系到国计民生，如电力、水利、

交通等大型的基础设施项目，它们所需投资额较大，政府可以考虑引进民间资本，采用 BOT 的模式进行融资。而对于一些一般的民间资本投资的积极性不高的文娱设施项目，可以采用 TOT 模式融资，由政府投资，交由民间投资方经营，激活国有资本的运营。另外，对于一些大型的铁路建设，政府可以考虑中央和地方受益省份共同投资，并可以由信托公司提供 ABS 方案，以证券化融资，快速推动建设。对于学校、卫生服务站等可以由民间投资方投资，政府加强指导和规范等，条件允许下可以考虑多建立多所学校和卫生站等，加强竞争。

政府在放宽市场准入，发挥市场在资源配置中的决定性作用中，将社会资本从更宽广的领域，更深的层次上引入城镇化建设，成为城镇化发展的新动能，可以从以下三个方面进行探索。

首先在投资范围上，民间资本应有更多的机会参与城市公共设施、铁路、信息产业、健康医疗、养老产业等领域。

其次在路径选择上，要允许社会资本通过特许经营、股权投资、公私合营等方式，参与城市基础设施投资和运营，为民营资本介入城镇化建设打开通道。

再次，在引导机制上，考虑到城镇化建设资金需求量大，回收周期长，未来要吸引和调动民间资本的介入，关键还要发挥政府投入的基础作用和金融支持的孵化作用。通过财政补贴，信贷扶持以及政府购买公共服务等方式，达到以较少的财政资金和银行贷款撬动更大规模社会资金投入的杠杆效应。

二、金融支持“地方债+地方税”融资，促进长效资金供给

借鉴发达国家的经验，构建“地方债+地方税”融资模式。进一步建立健全地方债务的发行及偿还机制，在管住规模、控制风险的前提下，赋予地方政府更大的总体可控的地方债发行自主权。

一是修改相关法律法规，增强地方政府的偿债激励。可将自主发债权、地方税扩权、平台贷款证券化等试点，与地方政府性债务透明度建设和风险挂钩。允许地方政府按照市政债券的基本规范梳理和重构城投债，允许地方政府和政府融

资平台债权人之间通过债权人以资本性债权置换地方政府发行的市政债，以有效化解地方融资平台的债务风险。

二是进一步理顺中央和地方财税分享体制。适度增加增值税和消费税地方的分成比例，增加地方预算内财政收入，在此基础上，进一步强化地方政府财政收支的纪律约束，将地方政府的债务收支纳入预算管理、严格政府投资范围，建立各级地方政府的全面资产负债表制度，实行全口径预算，处理好发债放松与预算从严的关系，促进城镇化建设的良性发展。在扩大城市基础设施融资渠道的同时，关键是加快配套改革，增强偿债能力和债务约束，防范潜在风险。

三是积极研究探索土地流转制度改革。用好土地这一城镇化过程中最具增值潜力的资源，形成城市基础设施建设、公共服务水平提高和土地增值收入增加相互促进与良性循环的正向激励机制。加快培育财产税、资源税等相对稳定的地方新税源，减少对土地出让金的过度依赖，促进形成稳定、规范的地方政府性债务偿还资金来源。

四是强化风险约束。在财政纪律约束上，建立包括跨年度资本预算在内的全口径预算制度，明确地方财政经常性和资本性收支的界限，编制完整的资产负债表予以公布，并在此基础上建立地方政府辖区财政责任制度；在市场约束上，以强化地方政府财务信息披露为抓手，完善评级制度，引入非商业性专业机构评估地方政府资产负债状况；在民意约束上，可借鉴国际经验，通过减免投资收益所得税等措施，鼓励当地居民对当地市政项目融资，既有利于增强地方政府的偿债责任，也有利于拓宽居民财产性收入渠道。

三、金融支持产城互动，促进城镇化与产业升级融合发展

产城互动是新常态下我国经济转型升级过程中实现产业和城市共同发展的一种全新模式。从系统的角度来看，金融支持产城融合是一个有机的、复杂的系统。产城互动分为“产”和“城”两个方面，二者之间的互动包括了产业业态的整合以及城市空间的拓展和形态的优化。二者在互动融合的过程中，由原本两个关系

松散的对象变成一个紧密结合的、相互包容的有机体系。产融于城、城包容产，二者在交叉渗透的过程中相互影响，相互促进。

在此进程中，关键是要大力促进为产业城镇化、新兴产业发展、现代服务业发展需求特点相匹配的多层次、多元化金融服务体系。应吸引、鼓励民营资本等组建专门针对这些产业的区域性中小型产业银行、科技银行及创新型金融机构的发展，拓展融资来源、优化融资结构，逐步放开对中小金融机构融资工具的限制，促进金融机构间的合理分工和错位竞争，促进在产业城镇化进程中以新兴产业为主体的产业结构优化升级，实现产业与城市的融合发展。与此同时，为有效管控、化解金融风险，也必须加强制度保障，完善法制基础。

四、金融支持中小企业发展，促进农村城镇化居民乐业

长期以来，中小企业一直是我国国民经济中的一支重要力量，在促进经济增长、推动技术创新、增加税收收入、增加就业岗位等方面发挥着重要作用。然而，由于融资渠道不畅，中小企业一直面临融资难的困境。随着改革的不断深入，我国不断完善和优化市场融资环境，已初步建立起了较为完善的多层次资本市场体系，包括中小板市场、创业板市场、全国中小企业股份转让系统（简称“新三板”）和区域股权交易中心（简称“四板”），进一步拓宽了中小企业权益资本和债务资本直接融资渠道。但对于数量众多的中小企业而言，因达不到上市条件而难以在中小板和创业板上市融资。为此，国家采取了一系列扶持私募市场股权投资发展的措施，主要包括：设立各级政府引导基金，扶持创业投资机构的发展；给予创业投资机构税收优惠；建立和完善全国中小企业股份转让系统和区域股权交易市场，完善私募市场股权投资退出渠道。

2014 年以来，我国中小企业外源融资负债率呈现下降态势，亦即在中小企业外源性融资来源中，权益融资比重逐年上升。我国金融支持中小企业发展的实践也表明，权益融资特别是私募市场股权融资对促进中小企业发展具有重要的作用，因此，大力发展私募市场股权投资是金融支持中小企业发展的对策选择。为发挥

私募市场股权投资对中小企业发展的支持作用，政府应进一步加大对中小企业特别是小微企业的科技经费投入力度，提升其产品的科技水平，为吸引私募市场股权投资创造前提条件。

此外，要不断优化中小企业发展的制度环境、政策环境特别是金融环境，加快建立、完善信用增强体系，促进中小企业夯实其自身发展的基础条件，通过税收减免或优惠促进金融机构对中小企业的金融支持，有效缓解中小企业融资难、融资贵的困境；加快推进民营家族式中小企业的股份制改造，促进中小企业股权结构的多元化和治理结构的公司化；放宽市场准入条件，鼓励符合条件的中小企业在创业板、新三板等市场上市，促进中小企业快速发展，增强抗风险的能力；金融机构要通过创新，发展适应中小企业发展的保险和担保业务品种；要以产业转移为依托，促进二、三产业协调并进，就地吸纳农民工在中小企业就业，确保城镇人口“乐业”。

五、金融支持“三农”发展，促进城镇乡村一体化进程

在促进城镇乡村一体化进程中，金融体系中的农发行、农业银行、农商行、村镇银行等要根据各自定位，充分发挥各自优势，重点做好支持“三农”发展的金融服务工作。一是要加大对农业现代化的支持，重点强化对农业生产大户、各种农业合作社、联营组织、农业企业、通过土地流转发展起来的各种农村新型组织的金融支持力度，在放款条件、期限、利率、信用与保证等方面提供优惠，同时，配套发展农业保险，以此缓冲市场的波动，减少自然灾害的影响；二是要强化对农村城镇化特别是乡镇和乡村的各种基础设施建设项目的支持力度，创新支持模式、产品与工具；三是要强化对农村市场、电商物流体系的支持力度，鼓励有兴趣投资于农业相关领域的各种股权投资基金、创业孵化基金、风险投资基金等加大对各种涉农项目的支持力度；四是要加快城乡一体化金融基础设施建设，增加金融机构在农村的服务网点和设备、设施，通过体制、机制、产品创新来做好小微企业和农村居民的金融服务工作，优化农村金融生态环境，促进城乡一体化和农村城镇化的发展进程。

六、金融支持住房保障体系，促进新型城镇化普惠金融

积极探索金融对城镇化社会民生支持的切入点，实现城镇基本公共服务常住人口全覆盖和公共服务均等化。构建支持居民住房相关融资行为的金融保障体系，通过政府财政拨款、住房公积金参股、发行住房抵押特别债券多种形式筹措资金，为城市居民租、购住房提供融资支持；为参与住房特别是保障性住房建设及融资的金融机构或房地产企业提供融资担保及票据贴现业务，提升住房融资参与方的流动性、降低融资成本和财务风险；鼓励和支持构建起以政策性住房金融机构为主体、商业银行、地方政府、非银行金融机构有机协同、融资成本较低、运作高效的住房金融保障体系。改革现有住房公积金管理制度，扩展住房公积金贷款可贷范围，在公积金结余较多的城市可以考虑向农村城镇化居民（有较稳定的工作及收入来源）提供住房公积金贷款并在住房价格、贷款利息等方面由政府财政资金予以适度补差支持；向农村城镇化居民及大学毕业生等提供租房贷款、提升他们在城市的生存能力并加快其融入城市的进程。

后　记

本书是江西省高校人文社会科学研究项目(江西省教育厅)《新型城镇化建设中的金融支持研究》(项目编号：JJ1452)、井冈山大学博士科研启动项目(人文科学)《我国新型城镇化发展模式与金融支持路径研究》(项目编号：JRB15002)的研究成果。

本书共有九章，以我国新型城镇化建设及其金融支持为主线，紧密结合我国国情和实践经验，以新型城镇化进程及其金融支持中面临的困境、挑战和对策分析贯穿整个研究全过程。考虑到理论研究和应用的前瞻性，通过应用文献研究、理论与实践相结合、定性与定量分析相结合、数学模型分析、多学科综合研究等方法，在大量阅读国内外现有相关文献的基础上，对已有研究成果进行系统的梳理与总结，以已有成果中的真知灼见，作为本研究的重要基础。将经济理论、城镇化理论及金融发展理论与我国实践相结合，选择我国代表性地区为实例，分析金融支持新型城镇化建设的实现路径。通过计量经济分析法对经济增长、金融发展和城镇化发展水平的协同关系进行定量研究分析。此外，在研究过程中，笔者广泛吸收和借鉴系统分析、西方经济学、发展经济学、生态经济学、管理学、信息经济学、金融学等一些优秀理论成果，对我国新型城镇化的金融支持方式、投资形式多样性等方面进行探讨和分析，为金融支持新型城镇化的探索提供新思路、新观点和新方法。

本书的成稿要特别感谢江西省教育厅、井冈山大学的项目立项支助。在本书构思和写作过程中，参阅并引用了大量国内外已有的研究成果，这些成果对本研究的设计及书稿的最后形成有非常大的启发和帮助，虽然在参考文献部分一一列出，但难免挂一漏万，在此对所有相关研究成果贡献者表达衷心感谢！

真诚感谢出版社及各位编辑的辛勤工作！

参考文献

[1] 周一星．城市地理学[M]．北京：商务印书馆，1995．

[2] 郑弘毅．农村城市化研究[M]．南京：南京大学出版社，1998．

[3] 姚士谋．中国大都市的空间扩展[M]．北京：中国科学技术出版社，1998．

[4] 胡序威．中国沿海城镇密集地区空间集聚与扩散研究[M]．北京：科学出版社，2000．

[5] 高佩义．中外城市比较研究[M]．天津：南开大学出版社，2004．

[6] 郭鸿懋．城市宏观经济学[M]．天津：南开大学出版社，2005．

[7] 费孝通．乡土中国[M]．上海：上海人民出版社，2006．

[8] 刘志彪等．长三角经济增长的新引擎[M]．北京：中国人民大学出版社，2007．

[9] 中国人民银行上海总部，中央国债登记结算有限责任公司．中国银行间债券市场研究：全国银行间债券市场十周年征文论文选编[M]．北京：中国金融出版社，2008．

[10] 中国城市经济学会中小城市经济发展委员会．中国中小城市城市发展报告[M]．北京：社会科学文献出版社，2013．

[11] 巴曙松，杨现领．城镇化建设大转型的金融视角[M]．厦门：厦门大学出版社，2013．

[12] 张占斌等．城镇化建设的投融资研究[M]．石家庄：河北人民出版社，2013．

[13] 鹏元资信评估有限公司．我国城镇化过程中地方政府融资研究[M]．北京：中国经济出版社，2014．

[14] 《国开智库》编辑委员会．中国发展：金融战略与对策[M]．北京：中

国金融出版社，2014.

[15] 中国农业银行，中国金融四十人论坛．中国农村金融前沿论丛[M]．北京：中国经济出版社，2014.

[16] 逄金玉，蒋三庚，中国城镇化建设与投融资研究[M]．中国经济出版社，2014.

[17] 郭濂．中国新型城镇化的路径选择与金融支持[M]．中国金融出版社，2014.

[18] 贾利军．江浙沪城市连绵区空间经济整合与城镇化发展研究[M]．上海：上海三联书店，2014.

[19] 焦瑾璞，王爱俭．普惠金融：基本原理与中国实践[M]．北京：中国金融出版社，2015.

[20] 冯彦明．民族地区产业结构优化的金融服务体系建设研究[M]．北京：中国金融出版社，2016.

[21] 赵玉红．结构转型与区域经济发展[M]．沈阳：东北大学出版社，2016.

[22] 涂永红，赵雪情．新常态下北京金融可持续发展研究[M]．北京：中国金融出版社，2017.

[23] 郭树华等，中级宏观经济学[M]．北京：中国经济出版社，2017.

[24]（芬）伊利尔・沙里宁．城市——它的发展、衰败与未来[M]．北京：中国建筑工业出版社，1986.

[25]（美）霍利斯．钱纳里．发展的型式：1950—1970[M]．北京：经济科学出版社，1988.

[26]（美）刘易斯•芒福德．城市文化[M]．北京：中国建筑工业出版社，2009.

[27]（英）埃比尼泽•霍华德．明日的田园城市（第 1 版）[M]．北京：商务印书馆，2011.

[28]（英）帕特里克・格迪斯．进化中的城市[M]．北京：中国建筑工业出版

社，2012.

[29]（美）爱德华·格莱泽．城市的胜利[M]．上海：上海社会科学院出版社，2012.

[30] 崔功豪，武进．中国城市边缘区空间结构特征及其发展—以南京等城市为例[J]．地理学报，1990（4）：399-411.

[31] 顾朝林，陈田，丁金宏，等．中国大城市边缘区特征研究[J]．地理学报，1993（4）：317-328.

[32] 杨云彦等．乡村工业嬗变与“自下而上”城镇化[J]．广东社会科学，2000（1）：107-113.

[33] 顾朝林，张敏．长江三角洲城市连绵区发展战略研究[J]．城市研究，2000（1）：7-11.

[34] 蓝宇蕴．城中村：村落终结的最后一环[J]．中国社会科学院研究生院学报，2001（6）：100-105.

[35] 史清华等．农民外出就业及遭遇的实证分析[J]．中国农村经济，2004（10）：56-63.

[36] 魏立华，闫小培．“城中村”：存续前提下的转型——兼论“城中村”改造的可行性模式[J]．城市规划，2005（7）：9-13.

[37] 郭松．我国城市化水平对经济增长影响的实证研究[J]．黑龙江对外经贸，2006（8）：66-67.

[38] 吴育华等．城市化发展模式的选择分析[J]．科学管理研究，2006（4）：39-41.

[39] 辜胜阻等．基于农民工特征的工业化与城镇化协调发展研究[J]．人口研究，2006（5）：1-8.

[40] 蓝宇蕴．我国“类贫民窟”的形成逻辑——关于城中村流动人口聚居区的研究[J]．吉林大学社会科学学报，2007（5）：147-153.

[41] 刘传江，程建林．第二代农民工市民化：现状分析与进程测度[J]．人口研究，2008（5）：48-57.

[42] 许学强，李郇．珠江三角洲城镇化研究三十年[J]．人文地理，2009（1）：1-4.

[43] 周飞舟．大兴土木：土地财政与地方政府行为[J]．经济社会体制比较，2010（3）：77-89.

[44] 周复多．科学发展视野下的中国城镇化之路[J]．上海城市管理，2010（5）：68-71.

[45] 梁春阁．珠江三角洲经济区小城镇的建设和发展[J]．经营与管理，2011（2）：37-39.

[46] 朱孔来等．中国城镇化进程与经济增长关系的实证研究[J]．统计研究，2011（9）：80-87.

[47]中国经济增长前沿课题组．城市化、财政扩张与经济增长[J]．经济研究，2011（11）：4-20.

[48] 文贯中，熊金武．化地不化人的城市化符合中国国情吗?——人口密集型的“老浦西”和土地资本密集型的“新浦东”的历史比较[J]．城市规划，2012（4）：18-24.

[49] 孙秀林，周飞舟．土地财政与分税制：一个实证解释[J]．中国社会科学，2013（4）：40-59.

[50] 潘功胜．城市基础设施融资应采取“地方税+市政债”模式[J]．中国投资，2013（11）：117.

[51] 潘威．新型城镇化发展的金融支持路径[J]．武汉金融，2013（9）：71.

[52] 周恩静．新型城镇化对金融支持的需求、难点和路径分析[J]．西南金融，2013（10）：53-55.

[53] 章玺．开发性金融机构支持新型城镇化的实践与思考[J]．西南金融，2013

（12）：60-61.

[54] 张恒，郭雅. 基于 VAR 模型的安徽省产业结构优化与城镇化关系研究[J]. 科技和产业，2013（2）：12-14.

[55] 宋时. 金融支持城镇化建设可有怎样的路径[N]. 金融时报，2013-08-24.

[56] 魏后凯. 中国城市行政等级与规模增长[J]. 城市与环境研究，2014（1）：4-17.

[57] 张静萍，张洪潮. 新型城镇化视角下资源型城市战略性工业产业优选模型研究[J]. 工业技术经济，2014（12）：40-48.

[58] 赵燕菁. 土地财政：历史、逻辑与抉择[J]. 城市发展研究，2014（1）：1-13.

[59] 崔喜苏. 金融支持新型城镇化建设的路径选择[J]. 中国物价，2014（11）：61-63.

[60] 邓舒仁. 金融支持新型城镇化建设路径研究[J]. 华北电力大学学报（社会科学版），2014（6）：22-27.

[61] 龙国新. 新型城镇化发展的金融支持路径研究[J]. 财经界（学术版），2014（11）：10.

[62] 胡海峰，陈世金. 创新融资模式化解新型城镇化融资困境[J]. 经济学动态，2014（7）：57-69.

[63] 邓舒仁. 金融支持新型城镇化建设路径研究[J]. 华北电力大学学报（社会科学版），2014（6）：22-27.

[64] 中国人民银行郑州中心支行调查统计处课题组. PPP 模式推广困难原因探析及对策建议[J]. 金融发展评论，2015（11）：112-129.

[65] 陈国权. 金融支持新型城镇化建设的路径选择[J]. 海南金融，2015（3）：79-81+85.

[66] 陈银娥，叶爱华. 城镇化建设进程中的资金保障体系构建——基于以现

代金融服务为主体的视角[J]. 内蒙古社会科学，2015（4）：99-105.
[67] 林章悦，王云龙. 新常态下金融支持产城融合问题研究——以天津市为例[J]. 管理世界，2015（8）：178-179.
[68] 魏巍. 开发性金融支持青岛市创新新型城镇化融资模式和机制研究[J]. 开发性金融研究，2015（4）：92-96.
[69] 齐红倩等. 中国城镇化发展水平测度及其经济增长效应的时变特征[J]. 经济学家，2015（10）：26-34.
[70] 文贯中，柴毅. 政府主导型城市化的土地利用效率——来自中国的实证结果[J]. 学术月刊，2015（1）：11-23.
[71] 刘建华，周晓. 城镇化发展与经济增长的关系——基于吉林省经验数据的研究[J]. 中共中央党校学报，2015（1）：76-80.
[72] 朱显平，王锐. 金融发展、城镇化与经济增长[J]. 经济问题探索，2015（11）：8-12.
[73] 朱显平，王锐. 金融发展、城镇化与经济增长[J]. 经济问题探索，2015（11）：8-12.
[74] 王弓，叶蜀君. 空间视角下的经济增长、金融发展与城镇化协调性研究[J]. 经济问题探索，2016（11）：51-58.
[75] 耿传辉. 金融支持吉林省新型城镇化建设的路径研究[J]. 长春金融高等专科学校学报，2016（2）：9-14.
[76] 陈国俊. 论城镇化、金融发展与区域经济增长效应[J]. 齐齐哈尔工程学院学报，2016（1）：67-71.
[77] 戴志敏，罗燕. 产业结构升级、城镇化水平与经济增长——来自中部地区的经验证据[J]. 工业经济，2016（6）：3-9.
[78] 李澎等. 中国城市行政等级与资源配置效率[J]. 经济地理，2016（10）：46-51+59.

[79] 陈松，宁盛嵩．开发性金融支持柳州市新型城镇化建设研究[J]．开发性金融研究，2016（4）：86-92．

[80] 胡朝举．金融支持新型城镇化：作用机理、模式工具与优化路径[J]．甘肃社会科学，2017（4）：249-255．

[81] 郭智．金融支持新型城镇化的路径选择[J]．大东方，2017（2）：131．

[82] 王磊，李成丽．新城新区发展模式演变与雄安新区建设研究[J]．区域经济评论，2017（5）：44-52．

[83] 常晨，陆铭．新城之殇——密度、距离与债务[J]．经济学（季刊），2017（4）：1621-1642．

[84] 郑建锋等．空间溢出视角下的城镇化金融集聚协同发展与经济增长[J]．云南财经大学学报 2017（2）：127-139．

[85] 冯曰欣，刘砚平．中小企业发展的金融支持研究[J]．山东财经大学学报，2018（6）：23-29．

[86] 江艇等．城市级别、全要素生产率和资源错配[J]．管理世界，2018（3）：38-77．

[87] 苏红键，魏后凯．改革开放 40 年中国城镇化历程、启示与展望[J]．改革，2018（11）：49-59．

[88] 白当伟．中国普惠金融取得的成就与面临的挑战[J]．中国信用卡，2018，（7）：9-14．

[89] 高宏伟等．新型城镇化发展的三维逻辑研究：政府、市场与社会[J]．经济问题，2018（3）：100-105．

[90] 王银芳等．中部六省环境规制强度与新型城镇化质量协调性分析[J]．河南科技大学学报（社会科学版），2019（3）：86-94．

[91] 王志锋等．中国城镇化 70 年：基于地方政府治理视角的回顾和展望[J]．经济问题，2019（7）：1-8．

[92] 庄良等. 中国城镇化进程中新区的空间生产及其演化逻辑[J]. 地理学报，2019（8）：1548-1562.

[93] 踪家峰，林宗建．中国城市化 70 年的回顾与反思[J]．经济问题，2019（09）：1-9.

[94] 黄国平．城镇化建设发展中的金融体系改革与完善[N]．金融时报，2013-10-14.

[95] 徐诺金等．兰考县普惠金融改革试验区调研报告[N]．河南日报，2017-12-26.

[96] 杜晓山．我国普惠金融 5 年发展成就、问题与思考[N]．人民日报，2018-12-27.

[97] 国务院发展研究中心“促进城乡统筹发展，加快农民工市民化进程的研究”课题组．农民工市民化的成本测算—对重庆、武汉、郑州和嘉兴四市的调查分析[R]．2012.

[98] Chenery H B，Robinson S，Syrquin M，et al．*Industrialization and Growth：A Comparative Study*[M]．Published for the Word Bank，Oxford University Press，1986.

[99] Gilbert A G，Gugler J．*Cities，Poverty and Development，Urbanization in the Third World*[J]．Population ＆ Development Review，1983，(4)：575-577.

[100] LU M，WAN G．*Urbanization and urban systems in the People's Republic of China：Research findings and policy recommendations*[J]．Journal of Economic Surveys，2014（4）：671-685.

[101] SONG Y．*What should economists know about the current Chinese Hukou System?*[J]．China Economic Review，2014（29）：200-212.

[102] VENDRYES T．*Migration constraints and development：Hukou and capital accumulation in China*[J]．China Economic Review，2011（4）：669-692.

[103] AU C，HENDERSON J V. *How migration restrictions limit agglomeration and productivity in China*[J]. Journal of Development Economics，2006（2）：350-388.

[104] LICHTENBERG E，DING C. *Local officials as land developers：Urban spatial expansion in China*[J]. Journal of Urban Economics，2009（1）：57-64.

[105] CHEN Z G，TANG J，WAN J Y，et al. *Promotion incentives for local officials and the expansion of urban construction land in China：Using the Yangtze River Delta as A Case Study*[J]. Land Use Policy，2017（63）：214-225.

[106] Firman T. *New town development in Jakarta metropolitan region：A perspective of spatial segregation*[J]. Habitat International，2004（3）：349-368.

[107] Howard E. *Garden Cities of Tomorrow*[M]. New York：Routledge，2007.

[108] Lee Y S，Shin H R. *Negotiating the polycentric city-region：Developmental state politics of new town development in the Seoul capital region*[J]. Urban Studies，2012（6）：1333-1355.

[109] Friedman，J. R. *Regional development policy：A case study of Venezuela*[M]. MIT Press，Cambridge，1966.

[110] Northam R M. *Urban Geography*[M]. New York：John Wiley &Sons，1975.

[111] Fei，John C. H.，Gustav Ranis，*Development of the Labor Surplus Economy：Theory and Policy*[M]. A Publication of the Economic Growth Center，Yale University，Homewood，III：Richard D. Irwin Inc.，1964.

[112] Todaro，M. P. *A Model of Labor Migration and Urban Unemployment in*

Less Developed Countries[J]. American Economic Review，1969（1）：138-148.

[113] Bertinelli，L.，Black，D. *Urbanization and growth*[J]. Journal of Urban Economics，2004（56）：80-96.

[114] Gottmann J. *Megalopolis or the Urbanization of the Northeastern Seaboard*[J]. Economic Geography，1957（7）：31-40.

[115] Kunzmann K R. Wegener M. *The Pattern of Urbanization inWestern Europe*[J]. Ekistics，1991（2）：156-178.

[116] Henderson J V. *The Sizes and Types of Cities*[J]. American Economic Review，American Economic Association，1974，vol. 64（4）：640-656.

[117] Abdel-Rahman，H.，Fujita，M. *Product variety，Marshallian externalities and city sizes*[J]. Journal of Regional Science，1990（30）：165-183.

[118] Fridemann J R. *The World City Hypothesis：Development & Change*[J]. Urban Studies，1986，23（2）：59-137.